中国
私募基金投资
年度报告 2014

Annual Report of
Private Equity
Investment
in China 2014

编著
德邦证券有限责任公司

德邦证券
TEBON SECURITIES

江苏人民出版社

序 言

PREFACE

在中国经济经历了三十多年的高速增长之后,将不得不面临转型的压力。这次的挑战可能不仅仅只是周期性的调整,可能是一个进入潜在增长率趋势性下降的、被动的转型期。然而,中国经济同时又存在着政策空间比较大、人口消费潜力大、区域经济发展存在再平衡的动力等一些有利的因素,转型之路仍然是充满希望的,我们也将面临着新一轮制度红利释放的机遇期。

在这一轮的改革中,涉及金融改革方面的政策的出台节奏明显加快。在金融资本和产业资本之间充当桥梁的众多非银行类的财富管理机构,如公募基金、私募基金、保险公司资产管理、证券公司资产管理以及信托公司等,将会拥有更广阔的展示才能的舞台。财富管理在中国有着快速发展的土壤和基础,中国多年的财富积累、居民的高储蓄率、当前的经济结构的调整等都使产业资本领域溢出大量的资金,同时不动产等领域的资金正逐渐向金融资产方向流动,众多因素共同催生了旺盛的财富管理需求,支持着我国财富管理行业从萌芽期正式步入快速成长期。

"财富管理"是一个综合性的服务理念,从早期只有单纯的经纪和银行业务发展到资产管理和财务规划等业务,再发展到各种管家式和咨询服务等,是一条服务范畴逐渐扩展的路径。由于阶段性的投资的吸引力不同,居民的财富配置会在权益类资产与固定收益类资产之间、货币市场类资产与资本市场类资产之间、人民币类资产与外币类资产之间相互转移。2008年金融危机以来,受股市低迷以及地方融资平台和房地产高成本融资迅速扩张的影响,银行理财和信托产品的需求量高速增长。同时,近几年来,与金融市场耦合度比较低的私募股权投资基金、对冲基金等产品受到越来越多的关注。由此，财富管理机构的业务开展将面临诸多的挑战，丰富的产品、灵活的结构、切合客户需求而量身打造的财富管理产品，都是未来财富管理的发展方向。具备前瞻性的视野、注重专业性的塑造，是财富管理机构的核心竞争力所在。

相较于国外成熟市场，尽管中国的另类投资起步比较晚，但是在短时间内经历了爆发性的增长，虽然也遭遇到挫折，但仍然在不断的变化与调整中奋力前行。自2003年第一只以信托产品形式成立的私募基金诞生以来，中国证券投资类私募基金的"阳光化"道路正式拉开序幕。经过十多年的发展蜕变，目前规模已突破2300亿元，发行模式也从占据主流的信托投资计划，逐渐延伸到证券公司集合资产管理计划、公募基金的专户理财计划、有限合伙制公司发行的投资计划等多种形式。更进一步的是，2014年3月《私募投资基金开户和结算有关问题的通知》的正式出台，意味着未来阳光私募可以直接以产品的名义开立证券账户。依托2006—2007年的A股市场的牛市，阳光私募行业得到了大力的发展，但由于业务领域多以A股二级市场投资为主，2008年以来的股市持续低迷导致行业整体陷入困境。近两年来，阳光私募不断寻求投资策略上的突破，比如"量化投资热"的兴起，这些策略主要利用数学、统计学、信息技术的量化投资方法来管理投资组合，避免在市场极度狂热或悲观的情况下作出非理性的投资决策。由于其持续稳定的投资业绩，成为追求绝对收益的标杆，越来越受到投资者的认可和欢迎。

2004年以来，私募股权投资基金在中国开始风起云涌，从最初外资PE基金独霸天下（主要是2008年以前），到近年来人民币基金与之分庭抗礼，再到外资PE开始纷纷设立人民币基金，我们看到了中国PE行业正在不断发展壮大。2009年开始的创业板造富效应引发了"全民PE热"，但2012年开始的IPO暂停又给予"PE热"以打击，大量PE基金产品到期无法顺利退出，整体行业陷入了阶段性的低迷。与此同时，并购重组快速推进，这个动向被嗅觉灵敏的PE和创投机构迅速捕捉，并将其作为主要的投资模式及退出渠道，这也是国外成熟PE产业比较普遍的商业模式。从PE/VC所投资的行业来看，互联网尤其是移动互联网成为近年来最受关注的投资领域，包括电子商务、网络营销和网络服务等细分领域获得青睐，服务于各个细分市场的互联网创业企业普遍受到投资机构者的关注。

国内房地产行业则在享受了"黄金十年"的盛宴之后,持续受到了宏观政策的调控,随着银行信贷和资本市场再融资等渠道的收紧,房地产商的资金压力陡增,从而不得不寻求多元化的融资方式,从以银行信贷等为代表的间接融资方式向以证券融资为代表的直接融资方式转变,由主要依靠银行、信托等金融机构负债融资的方式向同时融合股权、债权属性的房地产基金方式转变。房地产私募基金作为一种新的融资方式,具有期限长、资金来源稳定、发行相对自由等优势,成为社会资金介入房地产领域的一种重要方式,也将成为未来房地产融资的主流方式之一。

德邦证券一直致力于私募基金领域的跟踪与研究,公司从2010年起连续四年与上海证券报社合作出版了《中国阳光私募年度报告》,成为国内首创的全景式行业年度报告;2012、2013年又携手China Venture(投中集团)连续两年推出了《中国私募股权投资(PE)年度报告》。此外,房地产私募基金也一直是我们所比较关注的研究领域之一。从全球情况看,以上三大领域一直是另类投资中最主要的三个组成部分。本书将结合我们公司多年来的研究成果,以及全球前沿的理论与实践,为读者全方位地呈现中国私募基金的发展现状和未来蓝图。

私募基金这一年轻的行业正在迅速积累经验,在财富管理各个细分领域勇于探索、不断突破。尤其是在新出台的法律法规以及监管政策的支持下,中国证监会新成立了私募基金监管部,这些都预示着私募基金将在规范、阳光的环境下,不断地健康发展。对于财富管理行业来说,客户的资产将会越来越多地配置在私募基金领域。我们也将持续关注行业发展动态,致力于提供最优质的研究支持及综合服务,与行业共同成长,并更好地服务于我们的客户。

德邦证券有限责任公司董事长

目　录
CONTENTS

第三篇　私募房地产投资基金 2014

开 篇

一、中国居民财富分布现状

随着改革开放和引入市场机制，我国的经济得以飞快发展，居民生活水平也有了极大的提升。根据《福布斯》中文版联合宜信财富发布的《2014 中国大众富裕阶层财富白皮书》显示，2013 年末，中国私人可投资资产①总额约 94.1 万亿元人民币，年增长 13.3%，主要由存款及现金的增长、投资性房地产总值增长所带动。2013 年末，中国大众富裕阶层（指个人可投资资产在 60 万元人民币至 600 万元人民币之间）的人数达 1 197 万人，主要集中于金融、贸易和制造业等三个行业。同时，大众富裕阶层掌握的私人可投资资产快速增长，以 2013 年为例，大约支配中国私人可投资资产总额的 16.6%。另外，大众富裕阶层的人均可投资资产略有下滑，2013 年底的均值为 130.8 万元人民币。

二、中国居民财富管理现状

中国人在过去几十年国家的高速发展中积累了一定的财富，但理财投资的知识与技能显然没跟上。就大多数的老百姓而言，更愿意相信传统，中国储蓄率高居世界第一就是最好的例证。然而，在过去 10 年间，我国的理财市场取得了长足发展，我国居民的理财观念也日趋成熟。

根据《2014 中国大众富裕阶层财富白皮书》，2013 年排在大众富裕阶层投资额前三位的投资品种分别是：银行理财产品、房地产及股票。这与 2012 年的调查结果一致，但比例发生了变化。首选银行理财产品的比例由 62.5% 蹿升至 80.7%，次选房地产的比例则基本维持不变，第三选择股票的比例由 47.6% 降至 37.6%。

近年来，银行为了调节信贷规模及稳定存款而大力发展自身的理财产品，

---

① 私人可投资资产包括个人持有的流动性资产，如现金、存款、股票、基金、债券、保险（放心保）及其他金融性理财产品，以及个人持有的投资性房产等。

凭借银行的可信度和强大的网点分布,银行理财产品已成为国内理财者在自我资产配置中最主要的组成部分。而对于一般人群来讲,银行理财产品有着风险低、期限灵活、投资起来并不复杂的特点。无论调控如何,房地产依然是大众富裕阶层重要的投资选择。但是,随着经济的短期下行趋势,供求关系发生变化,房地产市场投资意愿有下降趋势。尽管近两年股市整体表现不佳,但其高风险高收益的特点还是使得股票成为大众富裕阶层的第三个选择。

在资产配置"大搬家"的初期阶段,没有经验的普通投资者往往容易误入歧途。"羊群效应"表现得较为明显,选择某一资产可能并不是出于价值合理或市场判断,而完全是因为赚钱效应。如果周围的亲戚朋友天天都在赚"快钱",自己当然也难以抵制诱惑;有时候,可能是以不成熟的固定思维去面对投资,带来的可能是损失。2013年,"中国大妈"扫货黄金让华尔街大鳄们也惊诧不已,然而之后黄金大幅下跌仍在继续,让大妈们不仅没有占到便宜,反而被牢牢地套住。这些大多数国人在投资、财富管理上的积习,可能会在某些时候成为致命伤。

中国多数大众投资人,接触到财富管理时间尚短,对风险和收益的认识不成熟,绝大部分大众普遍误解财富管理就是"如何投资理财"。其实则不然,财富管理不能等同于资产配置,它所涵盖的范围要宽泛得多,比如个人在具体人生规划中的各项事务,包括子女教育、养老计划、税务、遗产计划、债务管理,等等。但毫无疑问,财富管理的核心内容在于"资产配置",而这必须是"因人而异"的个性化方案。

三、资产配置的重要意义

在金融混业的泛资产管理时代,面对琳琅满目、纷繁复杂的金融产品,个人和家庭要想让自身积累的财富获得长期稳定的收益,关键在哪里?关键是"资产配置"!

资产配置对投资收益的贡献有多大?

1. 1986年,美国学者吉布森(Gibson)发表于《金融分析家杂志》上的一篇名为《组合绩效的决定》的文章表明:投资收益的91.5%由资产配置决定。

2. 1991年,布林森(Brison)、胡德(Hood)和比鲍尔(Beebower)对美国91只大型退休基金从1973—1985年的季度投资回报实证分析发现,资产配置决策决定了91.5%的投资获利。

3. 2000年,伊博森(Ibbotson)和卡普兰(Kaplan)对美国94只混合基金的月度投资回报分析发现,几乎所有的获利水平都是由资产配置所决定。

也就是说,剔除资产配置所产生的收益,具体的证券品种选择、择时操作以及其他因素所带来的投资收益所占比重不足10%。国内因为市场有效性不及发达国家市场,相关研究的结论大多支持70%左右的投资收益来自于资产配置。简单地说,对于机构投资者和高净值个人投资者,资产配置对于投资收益的贡献要远远大于时机选择和具体品种的选择。

坚持大类资产配置至上的理念的目的是简单而相似的:实现个人资产的保值与增值,在可以承受的风险范围内,最大化地实现投资收益。资产配置就是根据投资者本身对收益的要求、自身的风险承受能力,以及市场形势的分析判断进行有效的大类资产比例划分。而在某类资产中具体选择哪个品种、进入和退出的具体时点选择、方式选择,并不是资产配置所关注的重点内容。

四、大类资产的认识与选择

事实上,无论是委托专业机构还是亲力亲为打理资产,首先对可选择的大类资产作深入了解,更能事半功倍。

广义上讲,大类资产主要分为三大类:权益类资产,以股票为典型代表的、投资收益主要由价格波动带来的资产,包括以此为主要投资标的的各类理财产品(如股票基金等);固定收益类资产,包括各类债券、存款以及以此作为投资标的的理财产品(如债券基金、货币基金等);其他个人资产,包括个人拥有的其他不动产(房子)和动产。

随着我国金融市场规范化的推进与深入,除了传统的投资品种,越来越多的另类投资品种渐渐进入我们的视野。所谓另类资产,主要是指传统的股票、债券和现金之外的金融和实物资产。具体来说,种类可以包括如房地产、对冲基金、私募股权投资(PE)、证券化资产、大宗商品、艺术品等。

对冲基金追求绝对收益,而不像证券投资基金追求高于基准水平的相对收益,主要依靠捕捉中立于市场波动的投资机会,更加依赖基金管理人的操盘能力和经验。这类资产实际上是股票、债券、金融衍生品等资产的组合,但是与这些基础资产的相关性很低。

私人股本或私募股权是指对非上市公司进行股权投资,通过上市、重组或者管理层收购的方式获得收益,也可以战略性长期持有,是一种高风险高回报的资产,与股票、债券和房地产等资产相关性不大。

房地产投资具有债券和股权的综合属性。其中,固定期限还本付息的房地产抵押支持债券和房地产租赁业务属于可预测稳定现金流来源的固定收益类投资,而由通货膨胀引发的房地产价格上涨则具备股权投资属性。房地产信托基金(REITs)是国际上比较常见的房地产投资品种,风险相对较低而收益率高于同期银行定期存款利率。

另类投资与传统投资有着较弱甚至负的相关性,将它们纳入大类资产配置中,能够推高最佳投资组合边界线——在既定的风险水平下创造出收益率较高的投资组合;或在收益率既定的情况下创造出风险水平较低的投资组合。

从全球范围内来看,资产负债和流动性限制较小的机构如大学基金、捐赠基金、保险公司等,以及高净值人群,不断开拓资产配置的边界,将更高的比例倾斜于另类投资品种,以获得更令人满意的投资绩效。

就管理资产规模而言,"私募股权"、"对冲基金"和"房地产",是全球资产规模最大的三个另类投资领域,也是财富管理行业最富吸引力的三个私募基金投资品种。本书主要针对这三大领域,就其在 2013 年的发展状况以及未来前景作出详细论述,希冀能给读者带来参考价值。

第一篇
中国私募股权投资2014

第一章

中国股权投资行业整体发展状况

一、资本市场及投资市场环境整体分析

2013年,受国内经济发展形势欠佳、A股IPO闸门持续关闭影响,中国VC/PE市场发展趋于理性化,VC/PE机构投资阶段逐步前移,回归价值投资的本质。

基金募资方面,根据CVSource投中数据终端统计,2013年全年共披露199只基金成立并开始募集,总计目标规模461.35亿美元。同比2012年全年(新成立基金数量为226只,目标规模为475.55亿美元)披露新成立基金数量及目标规模均有所下降。相比新基金成立情况而言,2013年全年基金募集完成情况也不太尽如人意,2013年全年共披露募资完成基金245只,募资完成规模256.23亿美元,同比2012年全年(完成基金283只,募资规模334.28亿美元)基金募集数量上和规模上都有所下降。

创业投资方面,2013年全年国内市场共披露创业投资(VC)案例683起,投资金额47.34亿美元,同比2012年全年(披露案例608起,投资金额42.67亿美元)分别增长12.3%和11%。2011年中国VC/PE投资规模达到历史最高水平,而进入2012年以来,VC投资市场迅速降温,在刚刚过去的2013年,投资活跃度及投资规模仍保持较低水平,但2013年全年中国市场VC投资规模略好于2012年。从2013年全年VC投资的行业分布来看,互联网依然是投资最活跃的行业,披露案例198起,占比约29%,其次分别是电信及增值和IT行业,分别披露案例126和103起,占比18%和15%。此外,制造业及医疗健康行业也表现活跃,分别披露案例70和41起,占比分别为10%和6%。

私募股权投资方面,2013年全年国内共披露私募股权投资(PE)案例325

起,投资总额 215.9 亿美元,同比 2012 年全年(案例 296 起、投资总额 224.01 亿美元)案例数量上升 9.8%,投资规模下降 3.6%,单笔投资金额同比下滑 12.2%。

从 PE 投资整体行业分布来看,2013 年全年 PE 投资涉及超过 20 个行业。其中,制造业投资最为活跃,披露案例 55 起,占比 17%;其次分别是 IT 行业、房地产行业和医疗健康行业,分别披露案例 36、30 和 30 起;能源及矿业和和互联网行业分别披露案例 26 和 20 起;其他行业披露案例均在 20 起以下,电信及增值、农林牧渔、文化传媒、连锁经营等行业投资均较为活跃。

投资退出方面,2013 年,受 A 股新股发行全面停滞的影响,中国企业在全球资本市场的活跃度相比上一年度出现大幅下滑。根据 CVSource 投中数据终端显示,2013 年,共有 30 家 VC/PE 背景企业成功登陆资本市场,合计融资 534.96 亿元,数量和金额同比分别下降 69.07% 和 33.22%,融资金额创下近五年新低。

二、2013 年中国 PE/VC 市场募资情况分析

1. 基金规模分析

2013 年全年共披露 199 只基金成立并开始募集,总计目标规模 461.35 亿美元。同比 2012 年全年(新成立基金数量为 226 只,目标规模为 475.55 亿美元)披露新成立基金数量及目标规模均有所下降。相比新基金成立情况而言,2013 年全年基金募集完成情况也不太尽如人意,根据 CVSource 投中数据终端统计,2013 年全年共披露募资完成基金 245 只,募资完成规模 256.23 亿美元,同比 2012 年全年(完成基金 283 只,募资规模 334.28 亿美元)基金募集数量上和规模上都有所下降。

图 1-1   2008—2013 年中国创业投资及私募股权投资市场募资基金数量

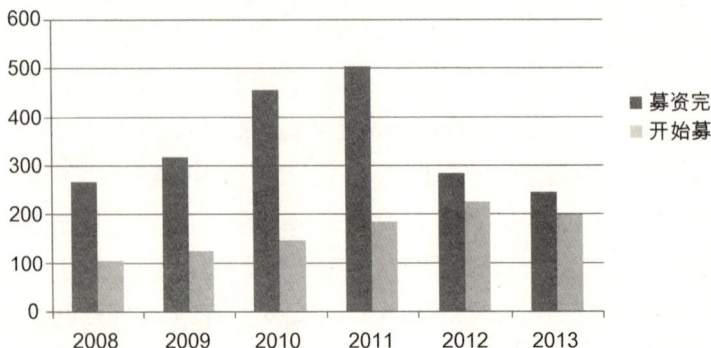

资料来源:CV Source

图1－2   2008—2013年中国创业投资及私募股权投资市场募资基金规模

募资规模单位：亿美元

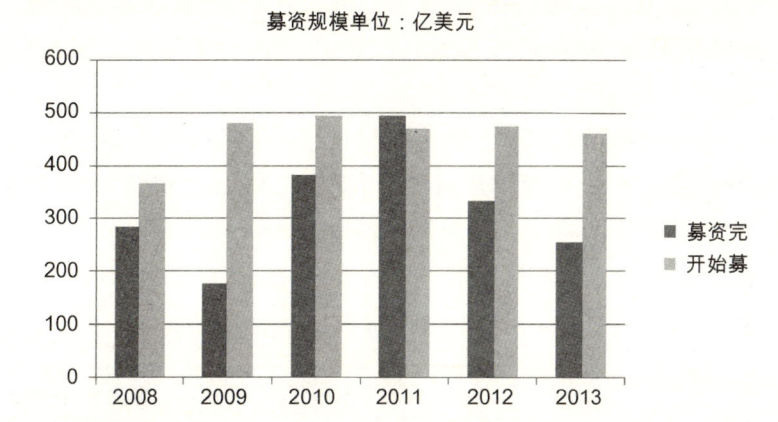

资料来源：德邦证券

2013年以来，宏观经济、资本市场均持续低迷，中国企业IPO长时间的暂停也导致VC/PE投资收益水平大幅下滑。在此背景下，LP投资者普遍谨慎，投资配置趋于保守，因此过去一年间中国基金募资普遍面临困境，整体募资形势依旧低迷。随着IPO的重启，预计未来一年基金募资可能会出现好转。

（1）基金类型分析

从基金币种上来看，2013年全年募资完成数量中美元基金共有17只，数量占比不足10%，仅有6.94%，完成募集规模109.01亿美元。人民币基金在数量上占据绝对的主导地位，2013年全年人民币基金共有228只，完成规模147.22亿美元。整体上仍呈现以人民币基金为主导的格局。

图1－3   2013年中国创业投资及私募股权投资市场募资完成不同币种基金规模

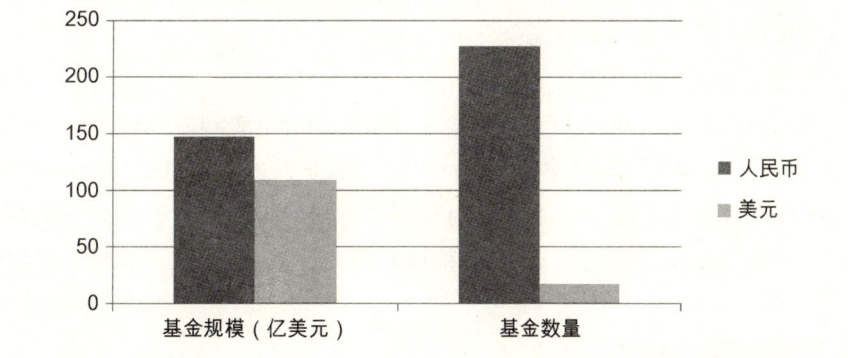

资料来源：德邦证券

2013 年有 4 只金额较大的美元基金募资完成,如华平十一期基金、Silver LakePartners IV 募集完成金额均在 100 亿美元以上,KKR 二期泛亚基金、RRJ Capital 完成募集金额也均在 50 亿美元以上,预计其将有 30％比例资金投向中国市场。

2013 年全年,从基金类型上来看,成长型(Growth)基金再次成为主导,成长型基金募资完成 143 只,完成规模 162.81 亿美元;创投(Venture)基金募资完成 98 只,完成规模 59.3 亿美元;另有 4 只并购(Buyout)基金募资完成 34.12 亿美元。成长型基金依旧领跑。

表 1 - 1 2013 年 1—12 月份基金募资类型及币种分布

		募资完成数量	完成规模(亿美元)
Venture	美元	10	25.06
	人民币	88	34.24
	总计	98	59.30
Growth	美元	6	53.95
	人民币	137	108.86
	总计	143	162.81
Buyout	美元	1	30.00
	人民币	3	4.12
	总计	4	34.12

资料来源:德邦证券

2. PE/VC 市场募资完成基金分析

(1)基金规模分析

2013 年中国 VC/PE 投资市场募资完成(含首轮完成)基金数量 245 只,募资规模 256.23 亿美元,同比 2012 年全年(完成基金 283 只,募资规模 334.28 亿美元)披露基金完成数量和完成规模均有所下降;2013 年平均单只基金募资规模 1.34 亿美元,同比增长 29.5％,自 2009 年以来,平均单只基金募资完成规模已连续出现增长。

(2)基金类型分析

从 2013 年完成募资(含首轮完成)基金的类型来看,成长型(Growth)基

图 1 - 4　2008—2013 年中国创业投资及私募股权投资市场募资完成基金规模

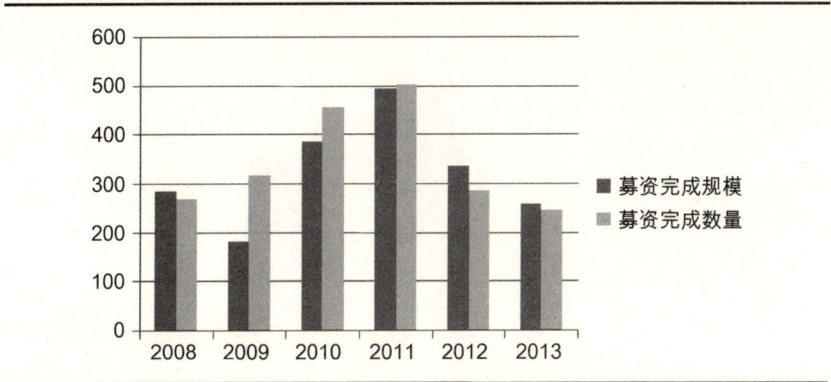

资料来源：德邦证券

图 1 - 5　2008—2013 年中国创业投资及私募股权投资市场募资完成基金平均单只规模

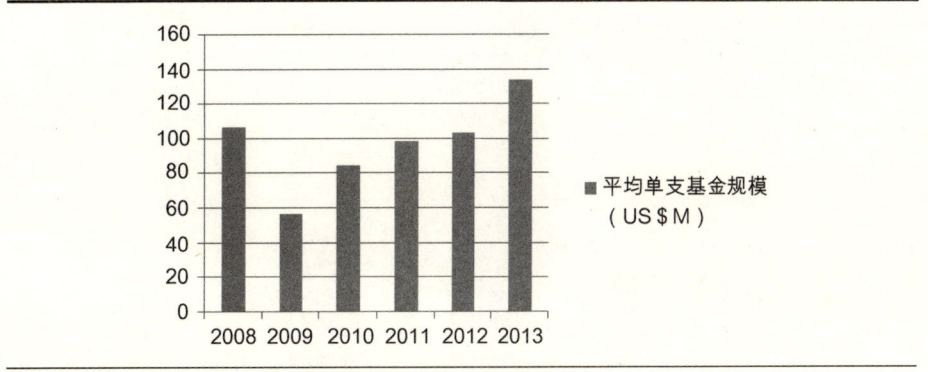

资料来源：德邦证券

金仍然占据主流,披露基金数量 143 只,占比达 58.37%,募资完成规模 162.81 亿美元,占比 63.54%;创投(Venture)基金披露基金数量 98 只,募资完成规模 59.3 亿美元,分别占比 40% 和 23.14%;并购(Buyout)基金披露基金数量 4 只, 募资完成规模 34.12 亿美元,分别占比 1.63% 和 13.32%。

表 1 - 2　2013 年中国创业投资及私募股权投资市场募资完成基金不同类型规模

	Venture	Growth	Buyout
募资完成数量	98	143	4
完成规模(亿美元)	59.3	162.81	34.12

资料来源:德邦证券

图 1 - 6   2013 年中国创业投资及私募股权投资市场募资完成基金不同类型数量比例

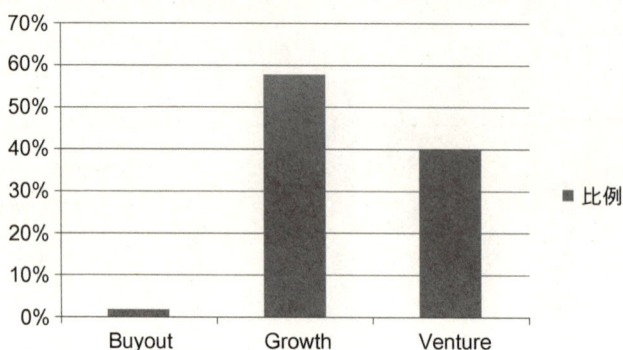

资料来源：德邦证券

图 1 - 7   2013 年中国创业投资及私募股权投资市场募资完成基金不同类型规模比例

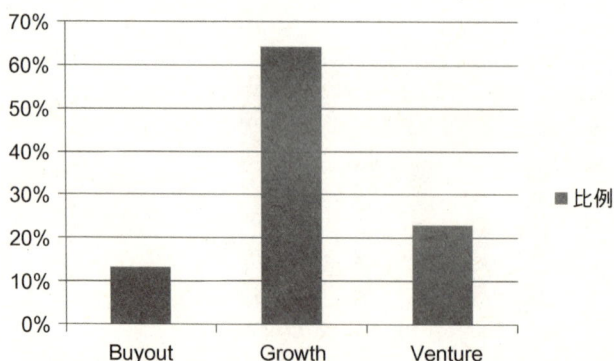

资料来源：德邦证券

3. PE/VC 市场开始募资基金分析

（1）基金规模分析

2013 年中国创业投资及私募股权投资市场开始募资基金数量为 199 只,目标规模为 461.35 亿美元,同比 2012 年全年(新成立基金数量为 226 只,目标规模为 475.55 亿美元)披露新成立基金数量及目标规模均有所下降。这一下降趋势与中国 VC/PE 市场整体降温态势相符,但下滑仍相对缓慢。

（2）基金类型分析

2013 年开始募资的 199 只基金中,成长型基金 85 只,目标规模为 322.16 亿美元,占全年开始募资基金总量比例分别为 42.71％和 69.83％;创投基金 98

图 1-8　2008—2013 年中国创业投资及私募股权投资市场开始募资基金目标规模

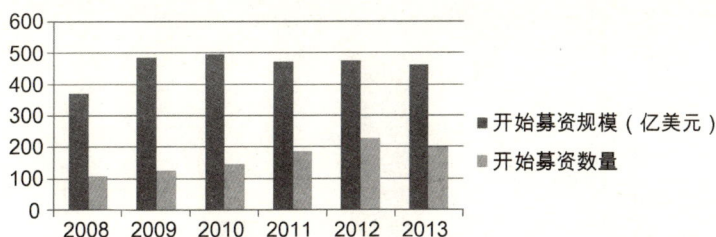

资料来源：德邦证券

只,目标规模 110.73 亿美元,占比分别为 49.25％和 24％。从基金的类型来看,创投基金开始募集的数量位居榜首,极有可能成为该年度新成立基金的主要类型,这一趋势恰与当前中国 VC/PE 投资者加大早期投资布局的趋势相符合。

表 1-3　2013 年中国创业投资及私募股权投资市场开始募资基金不同类型目标规模

	募资开始数量	开始募集规模(亿美元)
Buyout	16	28.47
Growth	85	322.16
Venture	98	110.73

资料来源：德邦证券

图 1-9　2013 年中国创业投资及私募股权投资市场开始募集基金不同类型数量比例

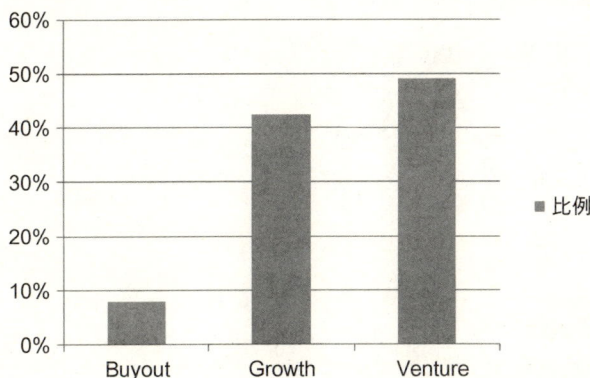

资料来源：德邦证券

图 1-10　2013 年中国创业投资及私募股权投资市场开始募集基金不同类型规模比例

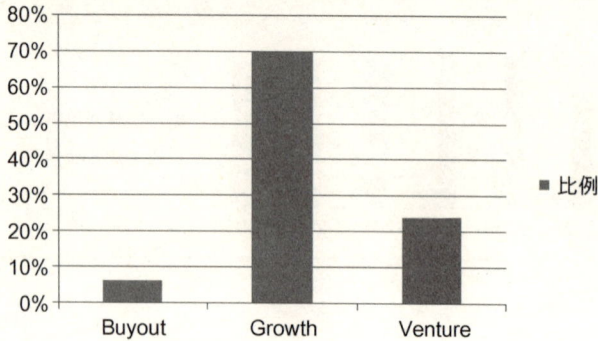

资料来源：德邦证券

三、2013 年中国私募股权投资市场情况

1. 2013 年中国私募股权投资市场投资规模分析

2013 年全年国内共披露私募股权投资（PE）案例 325 起,投资总额 215.9 亿美元,同比 2012 年全年(296 起案例、投资总额 224.01 亿美元)案例数量上升 9.8%,投资规模下降 3.6%,单笔投资金额同比下滑 12.2%。中国 PE 市场活跃度自 2011 年后开始即呈现下滑态势,2012—2013 年 PE 市场投资规模一直保持较低水平,虽然 2013 年的投资案例数量出现小幅度上升,但总的投资规模和单笔投资规模都出现不同程度的下滑,未来投资形势依旧严峻。

图 1-11　2008—2013 年中国私募股权投资市场投资规模

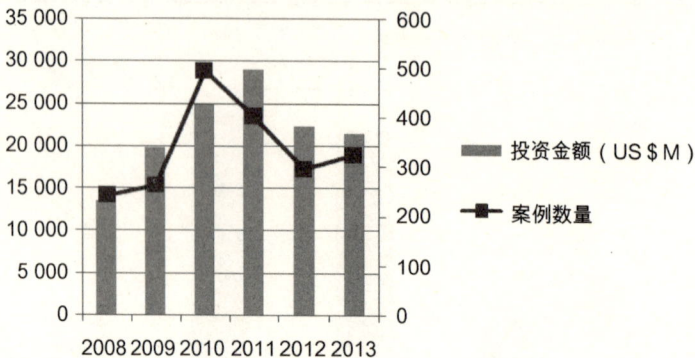

资料来源：德邦证券

图 1‑12　2008—2013 年中国私募股权投资市场平均单笔投资规模

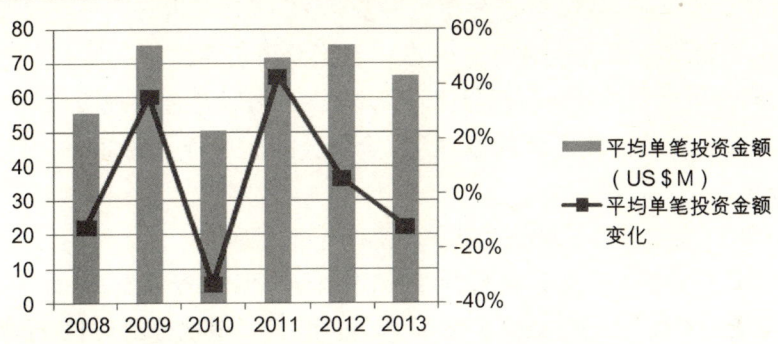

资料来源：德邦证券

　　根据 CVSource 投中数据终端统计,12 月份披露私募股权投资(PE)案例 11 起,投资总额 6.83 亿美元,投资数量和投资金额环比双双下降。从 2013 年逐月的 PE 投资案例看,5 月和 6 月投资金额位于年内较高的水平,其原因在于个别案例涉及金额较大,因而带动整体投资金额处于较高水平。2013 年 5 月 25 日,分众传媒控股有限公司董事长江南春联合光大控股、方源资本、凯雷集团、中信资本、鼎晖投资五家投资机构以约 37 亿美元的交易价完成对分众传媒的私有化收购。2013 年 6 月 13 日,中国石油天然气股份有限公司(601857.SH)(00857.HK)(NYSE:PTR)与泰康资产及国联基金共同设立中石油管道联

图 1‑13　2012 年 12 月—2013 年 12 月中国私募股权投资市场投资规模

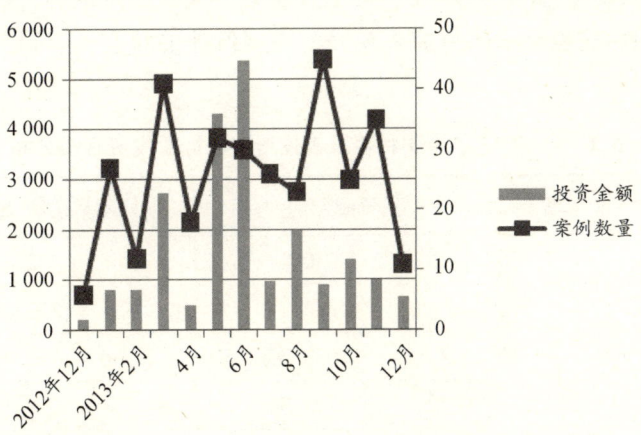

资料来源：德邦证券

合有限公司。中国石油以西部管道资产作为出资,西部管道资产经评估后的价值合计 200 亿元,认缴合资公司注册资本 200 亿元,占合资公司注册资本的 50％;泰康资产以现金出资 360 亿元,认缴合资公司注册资本 120 亿元,占合资公司注册资本的 30％,其余计入资本公积;国联基金以现金出资 240 亿元,认缴合资公司注册资本 80 亿元,占合资公司注册资本的 20％,其余计入资本公积。

　　2. 2013 年中国私募股权投资市场投资行业分析

　　从 PE 投资整体行业分布来看,2013 年全年 PE 投资涉及 20 个行业。其中,制造业投资最为活跃,披露案例 55 起,占比 17％;其次分别是 IT 行业、房地产行业和医疗健康行业,分别披露案例 36、30 和 30 起;能源及矿业和互联网行业分别披露案例 26 和 20 起;其他行业披露案例均在 20 起以下,电信及增值、农林牧渔、文化传媒、连锁经营等行业投资均较为活跃。

　　从各行业投资规模来看,能源及矿业行业披露投资总额 50.17 亿美元,居各行业之首,其主要的案例是中国石油天然气股份有限公司与泰康资产及国联基金共同设立中石油管道联合有限公司。文化传媒行业以 33.84 亿美元投资总额占据第二位,其主要案例即为分众传媒联合光大控股、方源资本、凯雷集团、中信资本、鼎晖投资五家投资机构完成对分众传媒的私有化收购。上述两行业均因特殊案例而位列行业投资规模前两位,而融资案例数量分别为 26 起和 13 起。

　　整体来看,2013 年全年 PE 投资的行业主要分布在制造业、IT、交通运输、互联网等传统行业,而且依然是投资重点领域。值得注意的是,医疗健康行业投资有所增长,这也显示出目前宏观经济表现低迷的状态下,抗周期性行业投资价值的凸显。

表 1-4　2013 年中国私募股权投资市场行业投资规模分布

行　业	案例数量	投资金额(US＄M)	平均单笔投资金额(US＄M)
能源及矿业	26	5 013.41	192.82
文化传媒	13	3 384.14	260.32
交通运输	10	1 953.50	195.35
制造业	55	1 713.64	31.16
连锁经营	12	1 293.62	107.80
互联网	20	1 292.33	64.62

续　表

行　业	案例数量	投资金额(US＄M)	平均单笔投资金额(US＄M)
房地产	30	1 243.71	41.46
医疗健康	30	1198.92	39.96
食品饮料	10	908.71	90.87
IT	36	887.36	24.65
汽车行业	6	691.64	115.27
公用事业	7	584.49	83.50
农林牧渔	16	509.08	31.82
建筑建材	10	231.92	23.19
金融	8	182.81	22.85
综合	7	161.84	23.12
电信及增值	17	161.61	9.51
化学工业	10	112.26	11.23
旅游业	1	41.49	41.49
教育及人力资源	1	21	21
总　计	325	21 587.46	66.42

资料来源：德邦证券

图 1－14　2013 年中国私募股权投资市场投资案例数量行业分布

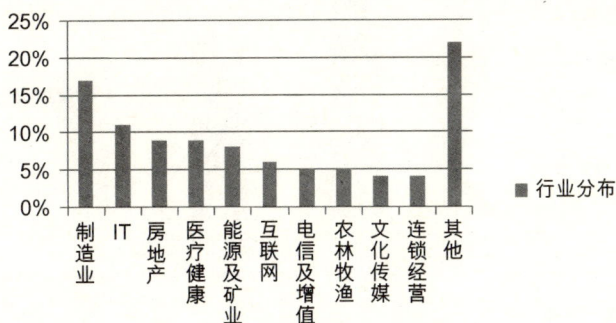

资料来源：德邦证券

图 1 - 15　2013 年中国私募股权投资市场投资案例规模行业分布

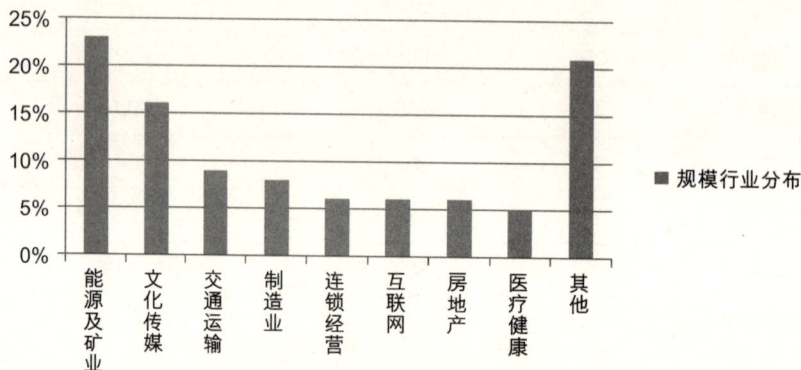

资料来源：德邦证券

3. 2013 年中国私募股权投资市场投资类型统计分析

从投资类型来看，成长型(Growth)投资依然是 PE 投资的主要类型，2013 年全年披露 179 起案例，投资总额达 94.34 亿美元，分别占比 55.1％和 43.7％。 PIPE 投资共披露案例 120 起、投资总额 90 亿美元，分别占比 36.9％和 41.7％。 并购(Buyout)投资共披露 26 起案例，投资总额 31.52 亿美元，占 PE 投资总额 比例为 14％左右。

图 1 - 16　2013 年中国私募股权投资市场不同投资类型案例数量比例

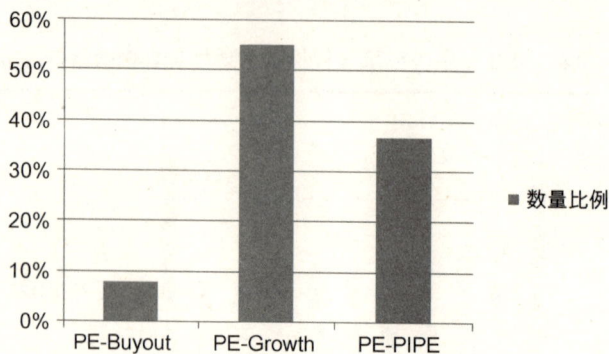

资料来源：德邦证券

表 1‑5　2013 年中国私募股权投资市场不同投资类型规模分布

投资类型	案例数量	融资金额（US＄M）	平均单笔融资金额（US＄M）
PE-Buyout	26	3152.45	121.25
PE-Growth	179	9434.98	52.71
PE-PIPE	120	9 000.03	75.00
总　计	325	21587.46	66.42

资料来源：德邦证券

图 1‑17　2013 年中国私募股权投资市场不同投资类型案例规模比例

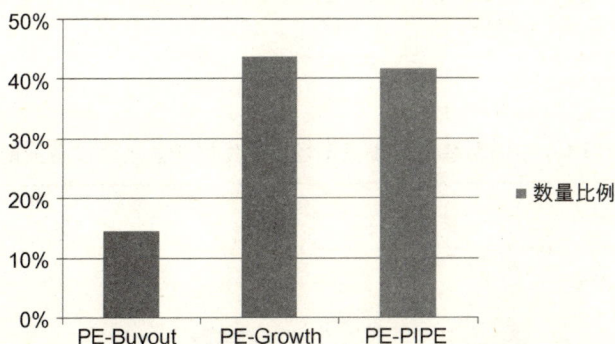

资料来源：德邦证券

4. 2013 年中国私募股权投资市场投资阶段分析

2013 年中国私募股权投资市场以发展期企业融资为主，披露案例 126 起，占比 38.77％；扩张期企业融资披露案例 77 起，投资总额 60.68 亿美元，分别占比 23.69％和 28.11％；获利期企业融资案例 122 起，投资总额 67.41 亿美元，分别占比 37.54％和 31.23％。

表 1‑6　2013 年中国私募股权投资市场不同发展阶段企业投资规模

企业阶段	案例数量	投资金额（US＄M）	平均单笔融资金额（US＄M）
发展期	126	8778.73	69.67
获利期	122	6740.85	55.25
扩张期	77	6067.88	78.8
总　　计	325	21587.46	66.42

资料来源：德邦证券

图 1-18　2013 年中国私募股权投资市场不同发展阶段企业投资案例数量比例

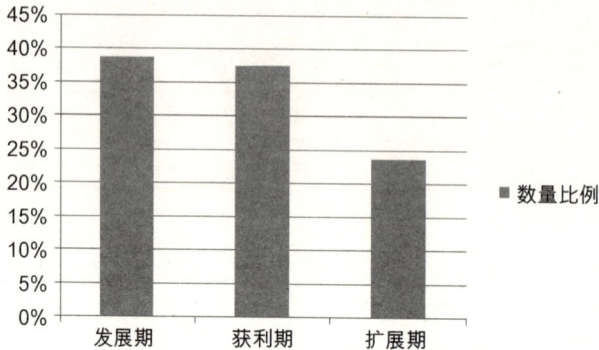

资料来源：德邦证券

图 1-19　2013 年中国私募股权投资市场不同发展阶段企业投资案例规模比例

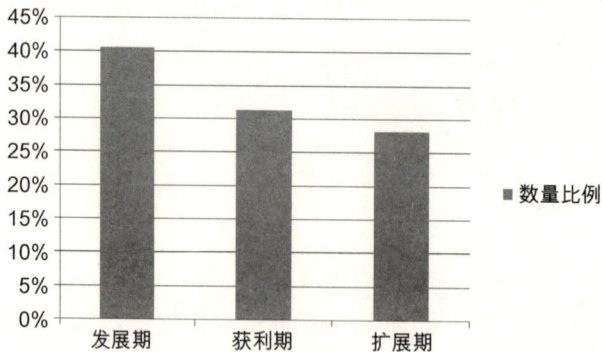

资料来源：德邦证券

5. 2013 年中国私募股权投资市场投资地区分析

从地区分布来看，2013 年全年 PE 投资案例分布最多的三个地区是北京、广东（含深圳）和上海，分别披露案例 74 起、40 起和 38 起；江苏披露案例 20 起；而其他地区披露案例均在 20 起以下，其中香港地区披露案例 10 起，台湾地区披露案例 1 起。北上广地区历年来 VC/PE 投资均保持活跃，中西部地区方面，湖北、四川、云南、安徽等地均表现活跃，在这些地区，能源资源、农林牧渔、食品饮料、制造等领域，依然存在较多投资机会。

表 1−7 2013 年中国私募股权投资市场地区投资规模分布

地区	案例数量	融资金额(US＄M)	平均单笔融资金额(US＄M)
北京	74	6 901.8	93.27
广东	40	2 602.86	65.07
上海	38	4 072.86	107.18
江苏	20	433.7	21.69
湖北	19	255.97	13.47
四川	13	530.25	40.79
浙江	12	229.15	19.1
山东	11	1 307.5	118.86
云南	11	288.12	26.19
香港	10	1 049.82	104.98
安徽	9	492.11	54.68
河南	8	296.72	37.09
河北	7	901.76	128.82
福建	6	56.7	9.45
湖南	6	274.71	45.79
江西	6	70.08	11.68
重庆	5	294.78	58.96
海南	4	172.98	43.25
辽宁	4	183.62	45.91
贵州	3	82.49	27.5
天津	3	11.25	3.75
山西	3	45.83	15.28
黑龙江	2	116.61	58.3
陕西	2	103.31	51.65
内蒙古	2	563.18	281.59
甘肃	2	145.8	72.9
吉林	2	23.04	11.52
台湾	1	1	1

地区	案例数量	融资金额（US＄M）	平均单笔融资金额（US＄M）
新疆	1	79.24	79.24
宁夏	1	0.19	0.19
总计	325	21 587.46	66.42

资料来源：CV Source

图 1－20　2013 年中国私募股权投资市场地区投资案例数量 TOP 10

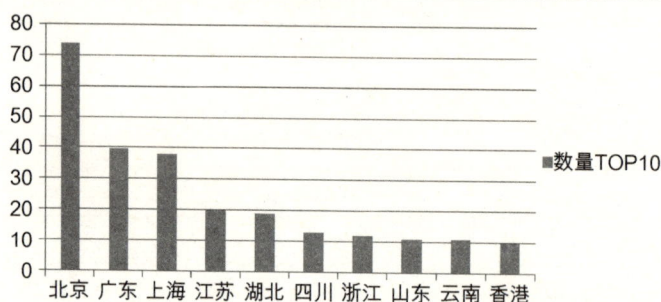

资料来源：德邦证券

图 1－21　2013 年中国私募股权投资市场地区投资案例金额 TOP 10

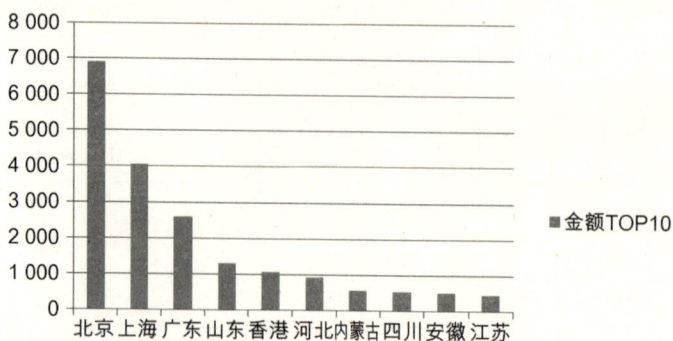

资料来源：德邦证券

6. 2013 年中国私募股权投资市场中外资投资分析

　　以 2013 年私募股权投资的资金币种分析，以人民币基金进行投资的案例为 269 起，投资总额为 135.54 亿美元，分别占比 82.77％和 62.79％；以美元及其他外币基金进行投资的案例共 56 起，投资总额 80.32 亿美元，分别占比

17.23％和37.21％。

表1-8 2013年中国私募股权投资市场不同币种投资规模

币种	案例数量	投资金额(US＄M)	平均单笔融资金额(US＄M)
美元	56	8032.92	143.44
人民币	269	13554.55	50.39
总计	325	21587.46	66.42

资料来源:德邦证券

四、2013年中国创业投资市场统计分析

1. 2013年中国创业投资市场投资规模分析

2013年全年国内市场共披露创业投资(VC)案例683起,投资金额47.34亿美元,同比2012年全年(披露608起案例,投资金额42.67亿美元)分别增加12.3％和11％。从下图来看,2011年中国VC/PE投资规模达到历史最高水平;而进入2012年以来,VC投资市场迅速降温;在刚刚过去的2013年,投资活跃度及投资规模仍保持较低水平,但2013年全年中国市场VC投资规模略好于2012年。

图1-22 2008—2013年中国创投市场投资规模

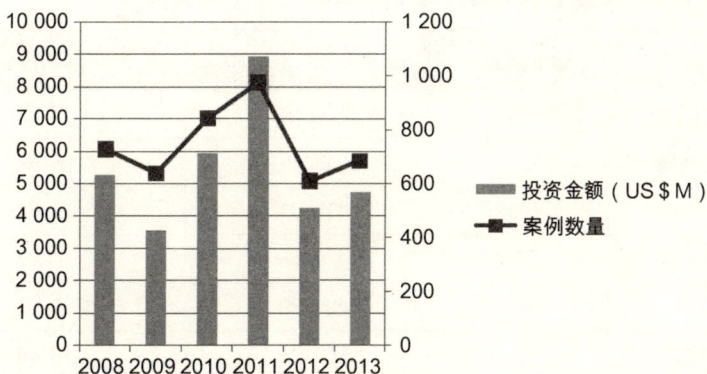

资料来源:德邦证券

2013年平均单笔投资金额为693万美元,同比2012年小幅下降1.2％。2012年中国VC/PE投资市场整体不景气,投资者普遍持有谨慎态度,进而导致单笔投资规模减小,2013年VC/PE投资市场持续低迷,随着IPO的重启开

闸,未来可能出现转机。

图 1 - 23　2008—2013 年中国创投市场平均单笔投资规模

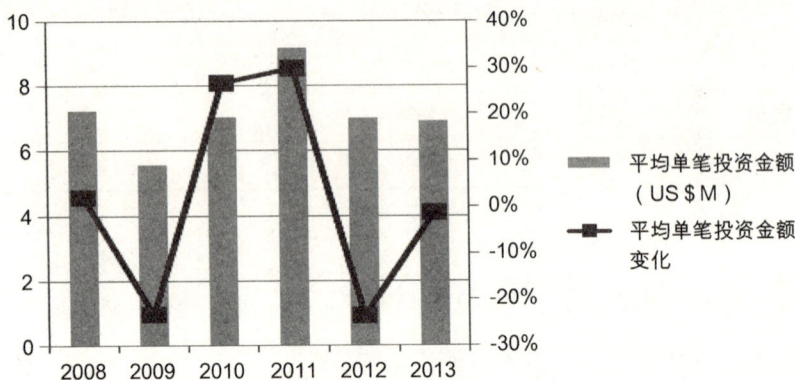

资料来源:德邦证券

2. 2013 年中国创业投资市场投资行业分析

从 2013 年全年 VC 投资的行业分布来看,互联网依然是投资最活跃的行业,披露案例 198 起,占比约 29%;其次分别是电信及增值和 IT 行业,分别披露案例 126 和 103 起,占比 18% 和 15%。此外,制造业及医疗健康行业也表现活跃,分别披露案例 70 和 41 起,占比分别为 10% 和 6%。

表 1 - 9　2013 年中国创投市场行业投资规模

行　业	案例数量	融资金额(US＄M)	平均单笔投资金额
互联网	198	1431.92	7.23
电信及增值	126	843.45	6.69
IT	103	465.01	4.51
能源及矿业	25	429.56	17.18
制造业	70	424.39	6.06
医疗健康	41	264.84	6.46
交通运输	8	194.34	24.29
农林牧渔	18	188.14	10.45
金融	10	88.26	8.83
文化传媒	22	86.65	3.94

续　表

行　业	案例数量	融资金额(US＄M)	平均单笔投资金额
综合	9	70.5	7.83
建筑建材	8	61.36	7.67
化学工业	12	46.11	3.84
教育及人力资源	9	40.95	4.55
汽车行业	9	35.47	3.94
连锁经营	6	33.85	5.64
食品饮料	6	21	3.5
房地产	2	7.92	3.96
公用事业	1	0.75	0.75
总　计	683	4 734.47	6.93

资料来源:德邦证券

　　医疗健康行业因其较强的抗周期性,在目前宏观经济及资本市场表现疲软的形势下,依然显现出较高的投资价值,成为持续性投资热点。而电信及增值行业则因移动互联网的兴起,涌现出大量投资机会,成为继互联网之后新兴的创业活跃领域,预计未来其投资活跃度仍将保持增长。

图 1－24　2013 年中国创业投资案例数量行业分布情况

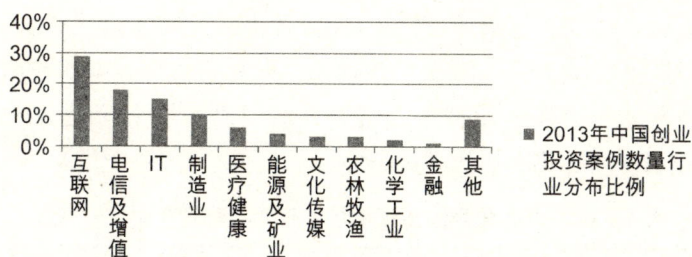

资料来源:德邦证券

　　从投资规模来看,互联网依然位列各行业之首,披露投资总额 14.32 亿美元,占比 30%;其次分别是电信及增值行业和 IT 行业,分别披露投资总额 8.43 亿美元和 4.65 亿美元,分别占比为 18% 和 10%;能源及矿产行业、制造业分别披露投资总额 4.3 亿美元和 4.24 亿美元。

　　整体来看,相比 2012 年而言,2013 年全年创投案例行业分布变化不大,互联网、电信及增值和 IT 仍是投资最活跃的领域。同时,医疗健康、制造业行业投资数量占比有所增长。

图 1-25　2013 年中国创业投资案例规模行业分布情况

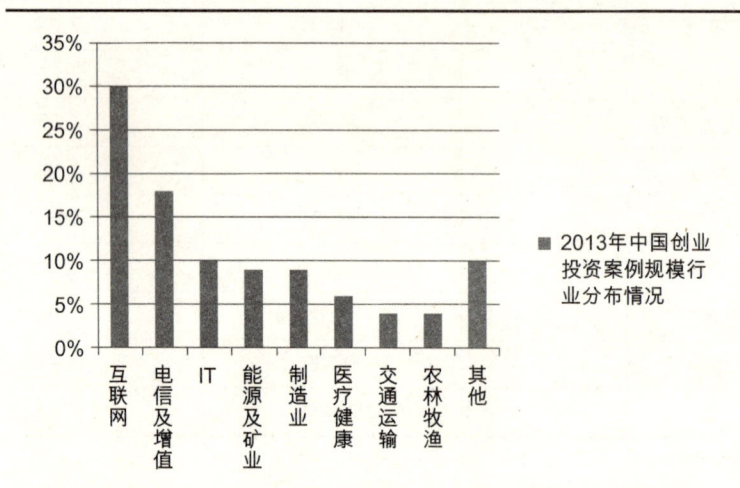

资料来源:德邦证券

3. 2013 年中国创业投资市场投资阶段分析

　　2013 年中国创投市场仍以发展期投资案例数量居多,达到 420 起,占比达 61.49%;扩张期企业融资案例 41 起,占比 6%;早期企业融资案例 222 起,占比 32.5%。早期企业占比同比大幅增长,反应出 2013 年以来早期投资逐渐兴起的趋势。不过,在 2013 年市场行情中,投资者仍普遍持谨慎投资态度,对于早期投资的布局仍较保守,因此数据所显示的早期投资占比并未如预期般出现大幅增长。但考虑到加强早期投资已成为目前创投市场主流趋势,可以预见,2014 年早期投资占比仍有望呈增长态势。

表 1-10　2013 年中国创投市场不同发展阶段企业投资规模

企业阶段	案例数量	融资金额(US＄M)	平均单笔投资金额(US＄M)
发展期	420	3197.61	7.61
早期	222	598.43	2.70
扩张期	41	938.42	22.89
总　计	683	4734.47	6.93

资料来源:德邦证券

图 1-26　2013 年中国创投市场不同发展阶段企业投资案例数量比例

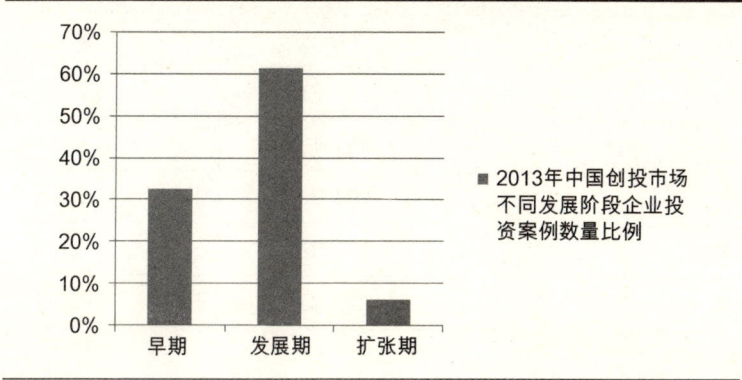

资料来源：德邦证券

图 1-27　2013 年中国创投市场不同发展阶段企业投资案例规模比例

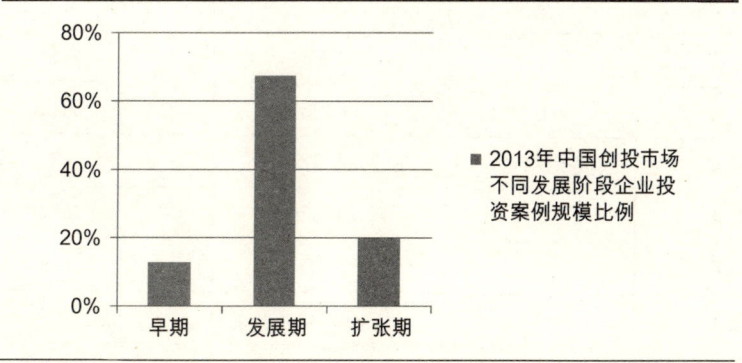

资料来源：德邦证券

4. 2013 年中国创业投资市场投资地区分析

从地区分布来看，2013 年全年投资最活跃的地区依然是北京、上海和广东（含深圳），分别披露案例 211 起、155 起和 81 起，分别占比 30.9％、22.7％和 11.9％。浙江、江苏也表现活跃，分别披露案例 47 起和 41 起，而其他地区披露案例数量均在 40 起以下。其中四川、湖北、福建、山东等地披露案例都在 10 起以上。整体来看，创业投资依然以北上广及江浙地区为主，地区差异仍十分明显。

表 1-11　2013 年中国创业投资地区投资规模分布

地　区	案例数量	融资金额(US＄M)	平均单笔融资金额(US＄M)
北京	211	1 783.28	8.45
上海	155	893.53	5.76
广东	81	452.48	5.59
浙江	47	262.07	5.58
江苏	41	590.32	14.4
四川	22	128.33	5.83
湖北	17	19.12	1.12
福建	16	73.84	4.62
山东	12	50.48	4.21
湖南	9	23.41	2.6
重庆	9	71.63	7.96
天津	8	56.36	7.05
河南	7	21.02	3
香港	6	21.32	3.55
内蒙古	6	56.89	9.48
安徽	6	25.81	4.3
台湾	5	59.75	11.95
陕西	4	7.84	1.96
黑龙江	3	3.96	1.32
云南	3	6.34	2.11
河北	3	3.41	1.14
辽宁	3	40.84	13.61
江西	2	10.3	5.15
吉林	2	13.86	6.93
贵州	1	0.5	0.5
新疆	1	47.46	47.46

续　表

地　区	案例数量	融资金额(US＄M)	平均单笔融资金额(US＄M)
宁夏	1	0.79	0.79
青海	1	7.92	7.92
海南	1	1.58	1.58
总　计	683	4 734.47	6.93

资料来源:德邦证券

图 1－28　2013 年中国创业投资市场地区投资案例数量 TOP 10

资料来源:德邦证券

表 1－29　2013 年中国创业投资市场地区投资案例金额 TOP 10

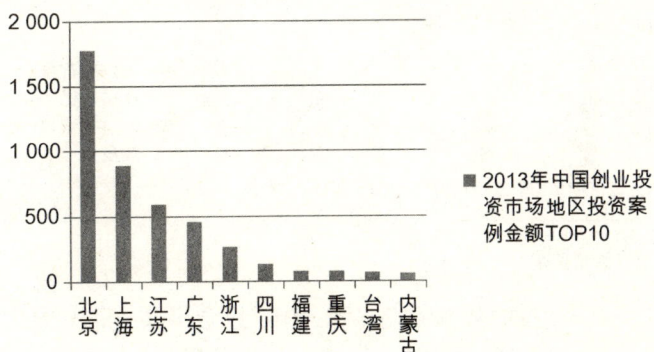

资料来源:德邦证券

5. 2013 年中国创业投资市场中外资投资分析

以 2013 年创业投资的资金币种分析,以人民币基金进行投资的案例为 473 起,投资总额为 19.6 亿美元,分别占比 30.75％和 58.61％;以美元及其他外币基金进行投资的案例共 210 起,投资总额 27.75 亿美元。

表 1-12　2013 年中国创投市场不同币种投资规模

币　　种	案例数量	融资金额(US＄M)	平均单笔投资金额(US＄M)
美元	210	2774.64	13.21
人民币	473	1959.83	4.14
总　计	683	4734.47	6.93

资料来源:德邦证券

五、市场退出情况

1. 2013 年中国企业 IPO 退出分析

(1) VC/PE 背景中国企业 IPO 数量和融资金额分析

2013 年,受 A 股新股发行全面停滞的影响,中国企业在全球资本市场的活跃度相比上一年度出现大幅下滑,共有 30 家 VC/PE 背景企业成功登陆资本市场,合计融资 534.96 亿元,数量和金额同比分别下降 69.07％和 33.22％,融资金额创下近五年新低。

图 1-30　2007—2013 年 VC/PE 背景中国企业 IPO 融资规模

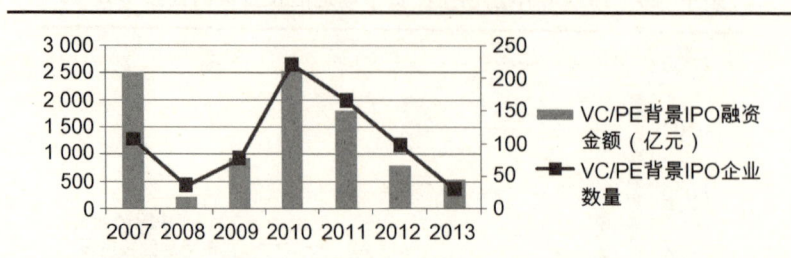

资料来源:德邦证券

根据 CVSource 投中数据终端显示,2013 年全年共有 110 家中国企业在全球资本市场完成 IPO,同比下降 51.11％;合计融资约 1315.48 亿元,同比下降 21.71％,融资金额再创新低。

表 1-13　2013 年 VC/PE 背景中国企业 IPO 融资情况比较

资本市场	IPO 数量	融资金额(亿元)	平均融资金额(亿元)
普通 IPO	80	780.52	9.76
VC/PE 背景 IPO	30	534.96	17.83
总　计	110	1315.48	11.96

资料来源:德邦证券

（2）VC/PE 背景中国企业 IPO 地点分析

2013 年 IPO 的 30 家 VC/PE 背景企业都选择在境外上市,共计融资约534.96 亿元,港交所依然是投资机构境外退出的第一选择。境内方面,2013 年A 股市场持续停摆,成为 A 股历史上 8 次 IPO 暂停中最长的一次,致使 A 股IPO 市场交出"白卷",无一家企业完成 IPO。

表 1-14　2013 年 VC/PE 背景中国企业 IPO 地点分析

交易所	IPO 数量	融资金额(亿元)	平均融资金额(亿元)
HKEx[中国香港]	20	457	22.85
NYSE[美国]	4	29.09	7.27
NASDAQ[美国]	3	19.45	6.48
TWSE[中国台湾]	1	27.7	27.7
ASX[澳大利亚]	1	1.16	1.16
HKGEM[中国香港]	1	0.57	0.57
总　计	30	534.96	17.83

资料来源:德邦证券

（3）VC/PE 背景中国企业 IPO 投资回报率分析

机构退出方面,受 A 股 IPO 关闭的影响,IPO 退出平均账面回报率持续三年下滑。根据 CVSource 投中数据终端显示,2013 年 50 家投资机构共实现 69笔退出,合计获得账面退出回报 402.3 亿元,平均账面回报率为 3.02 倍。

图 1 - 31　2007—2013 年 VC/PE 机构 IPO 退出账面回报情况

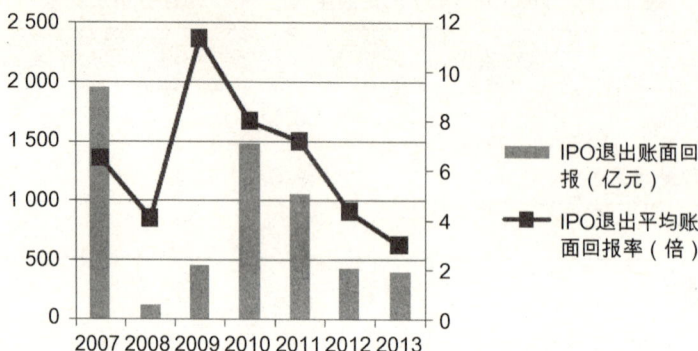

资料来源：德邦证券

　　就单笔退出案例来看，11 月 1 日，去哪儿网（QUNR. NASDAQ）纳斯达克上市，为金沙江创投带来 5.85 亿元账面回报，账面退出回报倍数高达 31.01 倍，回报率居前 2013 年所有 IPO 退出案例之首。此外，中国信达资产管理股份有限公司（01359. HK）在港交所主板上市，社保基金获得 81.74 亿元的账面退出回报，退出回报金额为今年以来最高。

表 1 - 15　2013 年 VC/PE 退出案例 TOP10（按账面回报率排名）

企业简称	退出机构	账面回报率（倍数）	账面退出回报（亿元）	首次投资时间
去哪儿网	金沙江创投	31.01	5.85	2009/02/12
神州数字	IDG 资本	26.38	0.41	2008/07/18
58 同城	赛富基金	13.06	14.12	2006/02/01
58 同城	DCM	11.38	11.42	2010/04/12
3G 门户	中经合	7.59	1.58	2006/07/06
3G 门户	集富亚洲	7.45	1.56	2006/07/06
兰亭集团	联创策源	3.83	6.06	2008/10/28
智美集团	深创投	3.61	2.01	2009/12/01
康成药业	弘毅资本	3.42	7.72	2008/11/01
去哪儿网	纪源资本	3.07	3.07	2009/10/29

资料来源：德邦证券

表 1-16 2013 年 VC/PE 退出案例 TOP10（按账面回报额排名）

企业简称	退出机构	账面回报率 （倍数）	账面退出回报 （亿元）	首次投资时间
信达资产	社保基金	0.58	81.74	2012/03/16
去哪儿网	百度	1.93	56.9	2011/06/24
58 同城	华平	2.76	17.74	2010/12/09
信达资产	中信资本	0.4	17.25	2012/03/16
58 同城	赛富基金	13.06	14.12	2006/02/01
58 同城	DCM	11.38	11.42	2010/04/12
毅德国际	弘毅资本	1.08	10.22	2011/06/15
云游控股	TA Associates	1.78	8.54	2012/06/06
普华和顺	华平	0.71	8.23	2010/09/09
辉山乳业	南通综艺	2.17	7.8	2011/06/28
辉山乳业	Investec	2.17	7.8	2011/06/28

资料来源：德邦证券

2. 2013 年中国企业并购退出分析

2013 年在国内 IPO 退出渠道关闭的背景下，并购退出成为 VC/PE 投资机构的主要退出渠道，愈加活跃的并购市场对于退出的意义越发重要。根据 CVSource 投中数据终端统计显示，2013 年披露并购退出案例达 270 起，为 2008 年以来最高值，账面退出回报率为 3.86 倍。

图 1-32 2008—2013 中国企业并购退出回报情况

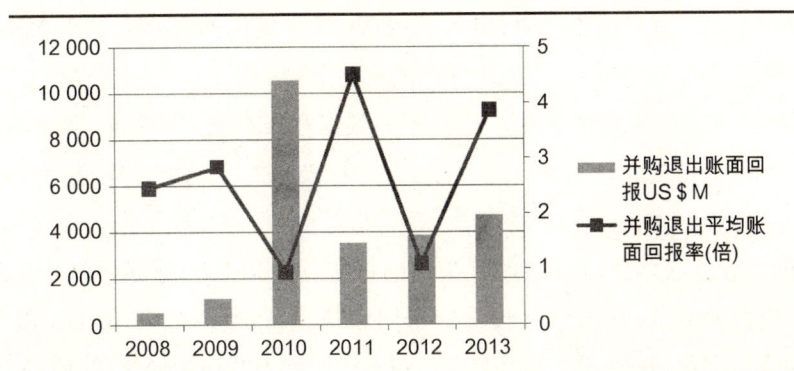

资料来源：德邦证券

第二章

退出方式的发展与创新

以发达国家私募市场的经验来看,PE 投资仅有 20% 左右是在标准化资本市场即股市退出,其他 80% 则通过 PE 二级市场、并购等其他形式实现退出。而在中国情况正好相反,目前 PE 投资的退出形式还是以 IPO 为主,占披露案例的 80% 左右。然而,2013 年是中国投资市场退出格局转变的关键一年,退出多元化尝试初获成果,这主要归功于 IPO 暂停形成的压力和上市公司开展市值管理的诉求。从长远来看,并购、PE 二级市场、PIPE、新三板退出等方式都将有巨大的发展空间。

一、并购市场

1. 背景分析

2013 年,境内外资本市场持续低迷,国内的 IPO 暂停审核,很多企业通过 IPO 谋求上市面临着漫长的等待期,国内 VC/PE 机构通过企业上市来谋求退出以获利变得非常艰难,Pre-IPO 投资机会逐渐减少。一二级市场盈利空间逐渐缩小,在 IPO 市场容量有限等大环境下,纷纷积极布局并购基金,期待在此节点转型为国外比较成熟的并购运作模式,并积极拓展并购退出渠道,并购退出的多元化格局出现。

同时,在互联网领域,以 BAT 为首的行业巨头和上市公司群发展迅速,展开巨大的并购浪潮,阿里巴巴收购虾米网和酷盘,百度收购 TrustGo 和 91 无线。在资本市场,其他行业也力图借助资本市场之力开展市值管理,使得 PE 的并购退出具有十分巨大的市场。

2. 2013 年并购市场的发展

(1) 并购退出案例规模分析

根据投中集团提供的数据库 CVSource 总结从 2000—2013 年并购重组案例的规模,2013 年并购数量达到 163 例,相对于 2012 年而言,增长比例高达50%,充分说明了在 IPO 退出机制被关闭以后,PE 基金利用并购的方式实现退出的巨大需求,这导致 2013 年迎来 PE 并购退出的高峰。

图 2 - 1 · 2000—2013 年并购退出案例数目(个)

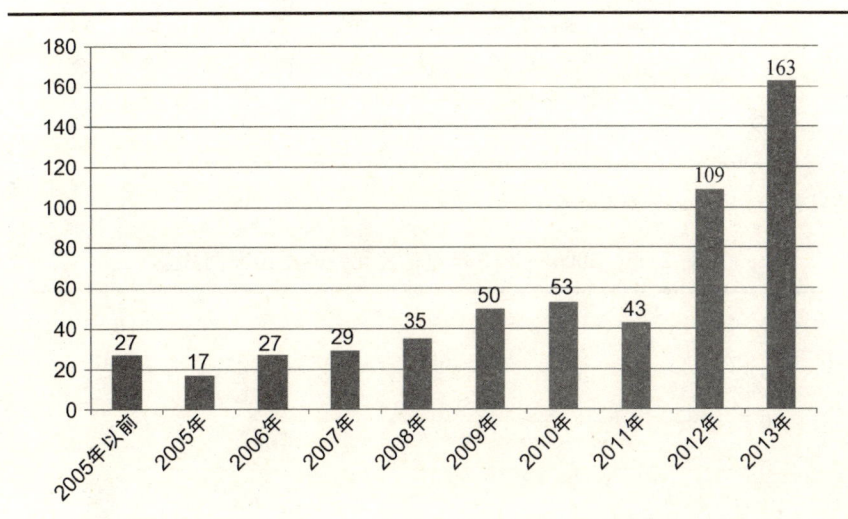

资料来源:CV Source、德邦证券

在资金规模上,并购退出的规模达到接近 3 万亿美元的规模,比 2012 年增加了 2.6 倍。这一方面是由于并购退出事件迅速上涨,整体资金规模得以累计;一方面也是由于单笔交易的数额增大,并购退出市场初具规模。

从交易的金额而言,单笔的大额交易不断涌现,在 2013 年,过亿美元的并购重组案例数量增至 49 例,相对于 2012 年而言,增加了 2.5 倍。在单笔交易金额中,华闻传媒 6.8 亿元全资收购国广光荣广告,金额位居第一位;富春环保收购新港热电金额位居第二;阿里巴巴收购酷盘、百度 3 000 万美元收购 Trust-Go 的金额也位居前列。

图 2 - 2 2000—2013 年并购重组资金规模(US $ M)

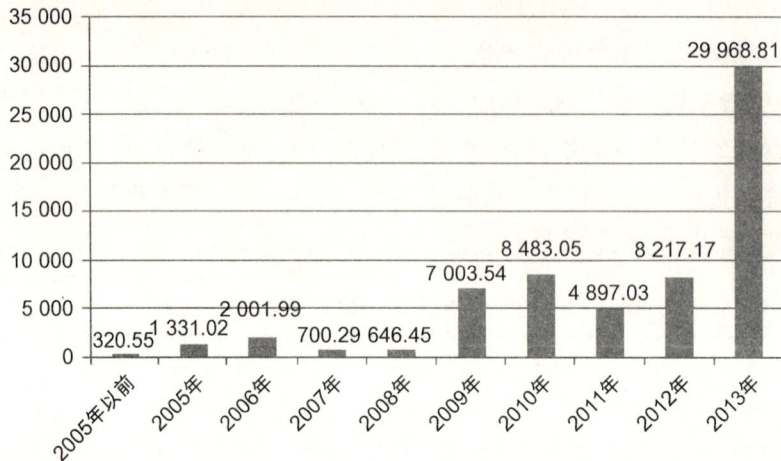

资料来源：CV Source、德邦证券

图 2 - 3 2000—2013 年过亿美元并购重组案例数量

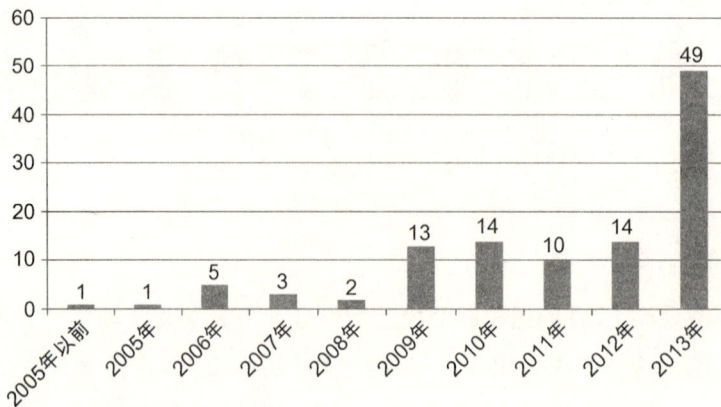

资料来源：CV Source、德邦证券

表 2 - 1 2013 年宣布并购退出案件 TOP8

标的企业	交易金额（US $ M）	是否跨境并购	是否有 VC/PE 背景
国广光荣广告	4 261.11	境内并购	有
新港热电	2 117.26	境内并购	有
信威通信	1 900	境内并购	有

续　表

标的企业	交易金额（US＄M）	是否跨境并购	是否有 VC/PE 背景
信威通信	1 479.98	境内并购	有
超力高科	1 429.77	境内并购	有
酷盘	998.4	境内并购	有
绝对 100 婚恋网	920.75	境内并购	有
TrustGo Mobile	912.08	出境并购	有

资料来源：CV Source、德邦证券

（2）并购退出行业分析

根据对投中集团 CVSource 数据库提供的数据进行分析，2013 年 PE 并购退出的行业分布出现了新变化。在 2013 年的行业分布中，机械设备占比最高，达到 18 例，综合类的收购达到 14 例，这表明集团性和跨界发展企业具有非常高的并购意愿。同时，信息服务和互联网产业在 2013 年达到一个高潮，尤其是互联网行业，BAT 为首的行业巨头和上市公司群掀起大规模并购潮，91 无线、第七大道、PPS 等经典案例为并购退出市场掀起巨大波澜。

图 2－4　2013 年并购重组行业情况

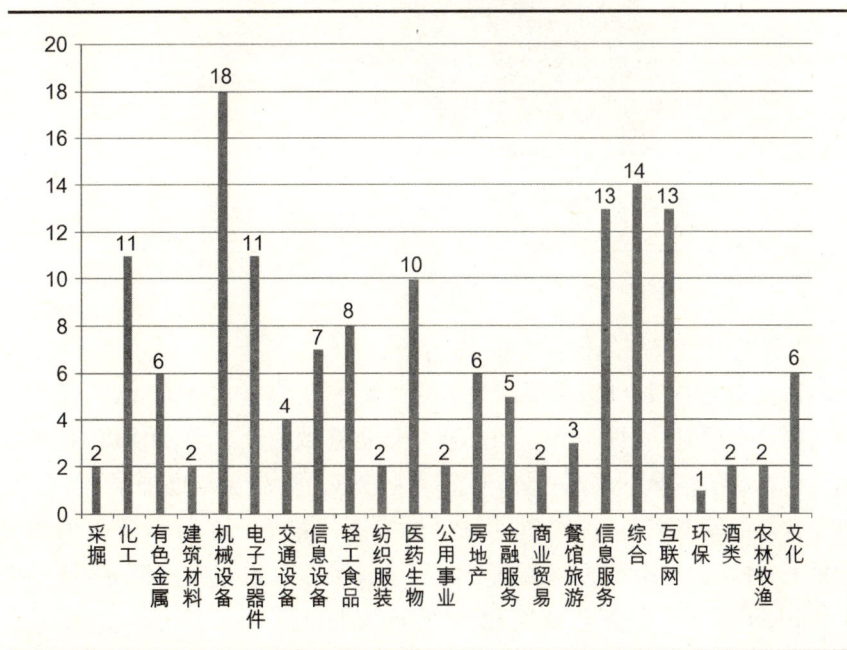

资料来源：CV Source、德邦证券

　　相较于 2012 年的行业分布,化工行业仍然是并购的一个热点行业,信息服务继续成为 PE 并购退出市场非常活跃的交易板块。互联网行业的并购退出从无到有,在大数据、移动互联网、互联网金融等概念的热炒下,互联网行业的并购退出表现出巨高的热度,这其中包括爱奇艺收购 PPS、阿里巴巴收购虾米网和酷盘、百度 3 000 万美元收购 TrustGo、百度 19 亿美元收购 91 无线 100％股权,互联网巨头表现出了巨大并购整合的强势和活力。

　　(3) 并购退出的市场结构分析

　　从并购退出的市场结构分析,在境内并购、出境并购和入境并购的市场分类中,境内并购达到 96％,在共 163 起的并购案例中占到了 156 起。这说明,我国的 PE 并购退出市场仍然是以国内市场为主,国内的资金流动和产业整合仍然是 PE 的重点领域。出境并购和入境并购在中国的整体并购市场份额比较大,但是由于牵涉的金额巨大以及国际法规的限制,目前基金公司参与比例还相对较少。

图 2 - 5　并购退出市场结构

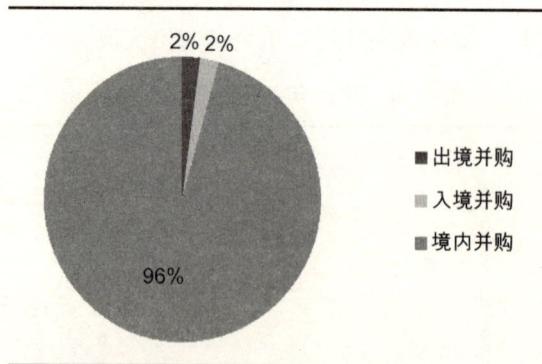

资料来源：CV Source、德邦证券

　　(4) 并购退出市场的投资回报率

　　2013 年在国内 IPO 退出渠道关闭的背景下,并购退出成为 VC/PE 投资机构的主要退出渠道。根据 CVSource 投中数据终端统计显示,2013 年披露并购案例达创新高的情况下,账面退出回报率为 3.86 倍,较去年增加了 2.76 倍,呈现出非常好的发展态势,首次超过 IPO 的投资回报率。在 IPO 退出渠道受限的背景下,并购退出市场的高额投资回报率推动了并购退出的繁荣,使得中国的 VC/PE 退出渠道向着更加多元化的方向发展。

图 2-6 2008—2013 中国企业并购退出回报情况

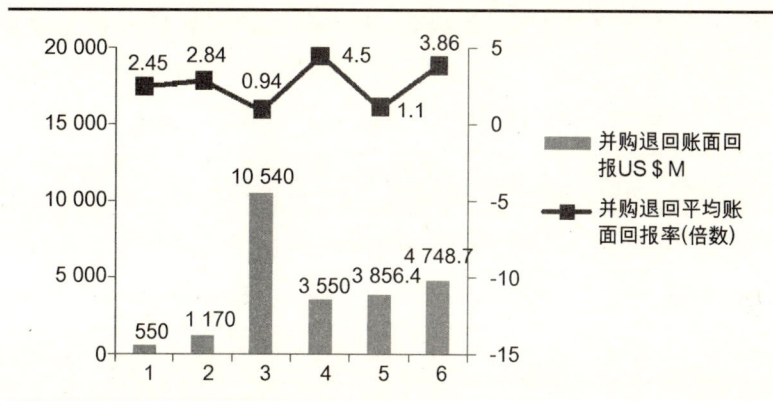

资料来源：CV Source、德邦证券

（5）国内并购基金的发展

2012 年 11 月，中国证券业协会发布《证券公司直接投资业务规范》，其中在直投基金的种类上进行了列举和明确，即"直投子公司及其下属机构可以设立和管理股权投资基金、创业投资基金、并购基金、夹层基金等直投基金"，该文件的发布为券商直投设立并购基金提供了直接的政策依据。国内如中金、中信、广发、海通证券等纷纷通过旗下直投子公司试水并购基金，具有典型代表的券商直投和产业资本。一方面券商直投因其投行背景为其募资和退出提供了良好的渠道，而产业资本方面则纷纷联合上市公司成立并购基金，上市公司为并购基金的项目培育及降低退出风险起到了积极作用。

表 2-2 国内券商设立并购基金部分情况

基金名称	涉及券商	基金管理公司	设立时间	目标规模
华泰德国并购基金	华泰证券	华泰紫金投资有限责任公司	未披露	50 亿
海通并购基金一期	海通证券	海通并购资本管理有限公司	未披露	30 亿
中信并购投资基金	中信证券	中信并购基金管理有限公司	2012 年	16 亿
海通开元美元并购基金	海通证券	海通开元	未披露	未披露

资料来源：CV Source

由于并购基金运作模式不够成熟，大型产业资本在既定投资项目下与 PE 机构成立并购 基金，今年以来，产业资本联合 PE 机构设立并购基金较为活跃。

这种合作模式主要是产业资本基于自身发展需求、并且希望通过专业资本运作而设立的一种并购基金，PE机构则更多地承担并购财务顾问角色。这种"联姻"能够较好地体现优势互补，也将成为未来1—2年国内并购基金的主流模式。

表2-3　2013年国内产业资本设立基金部分情况

基金名称	基金发起方	基金管理公司	设立时间	目标规模
升华拜克产业并购基金	升华拜克	天堂硅谷	2013年8月	3亿
广凯股权投资合伙企业	湘鄂情	广能投资	2013年8月	3亿
德益消费升级产业基金	益民集团	德同资本	2013年9月	7.5亿

资料来源:CV Source

3. 未来发展趋势

（1）国企改制带来并购整合潮

随着十八届三中全会的召开，进一步提出"市场在资源配置中起到决定性作用"，各个地方政府也实行了地方政府的考核指标的改革。各地国企改革重启和加速，上海、深圳、重庆、安徽、山东等地已发布改革细则，指明了进行国企改革，即引入外资、民资和推进股权多元化经营等方式的改革。

作为中国经济市场的十分重要的组成部分，国企作的改革也将引发国内资本市场的重大震动，在一线城市的引领下，国有企业进行资产重组和股权改制将成为十分重要的方向。而因为国企改革的规模和数量非常巨大，将会在细分领域诞生重大并购案例，这也使得PE的并购退出具有十分广阔的市场。

（2）并购基金日趋走向成熟

从整体来看，国内并购基金的发展仍然处于初级阶段，相对于国外成熟的并购基金发展模式，国内尚无完全主导并购交易的基金出现，部分参与并购运作的PE基金受限于国内特殊的金融体制，也没有充分体现出并购基金的杠杆融资优势，对投后企业的重组整理能力仍有待提高。

国内并购市场的活跃度持续增加将使得国内并购基金的发展愈加走向成熟，而体现专业VC/PE运作能力的控股式并购，以及收购后引入职业经理人、剥离不良业务及资产等模式也将更多地体现在国内的并购基金中。

4. 2013年中国并购市场十大交易案例

（1）成飞集成拟收购同捷科技 PE贪婪导致交易失败

2013年1月13日，停牌近3个月之久的汽车模具制造企业四川成飞集成科技股份有限公司,称拟以"现金+股权"的方式、以不超过 5.45 亿元(增值约 44%)的价格收购国内最大汽车独立设计公司同捷科技 87.86%股权;7 月,双方因对标的资产的最终交易价格未能达成一致,成飞集成公告称放弃收购同捷科技。

同捷科技曾分别于 2005 年、2009 年提出境外和境内 IPO 计划连续失败,背后涉及 8 家 VC/PE 机构,机构的退出压力下同捷科技一直在寻求资本运作机会。背后 VC/PE 机构数量过多、投资企业时点不同带来的机构退出回报期待过高、尤其是一些中小型 PE 机构在 2012 年的退出寒冬下更是试图通过此单交易缓解退出压力,由此导致的双方价格未能达成一致是此次交易失败的主要原因。VC/PE 机构将并购退出作为 IPO 之次的一种退出方式,往往需要更加理性地看待 IPO 与并购之间的退出回报差异,求同以及投机性的退出往往会导致交易失败。

（2）中石油拟 500 亿美元收购伊拉克油田创资产类并购交易

2013 年 1 月 23 日,中石油拟 500 亿美元收购世界石油巨头埃克森美孚在伊拉克的西古尔奈－1 号油田项目,西古尔奈-1 号区块的原油储量在 100 亿至 150 亿桶之间,最高日产量可以达到 100 万桶,据悉,中石油早在 4 年前就对此项目有收购意向,后因条件不成熟而放弃。

（3）双汇 71 亿美元收购 Smithfield 打造全球猪肉巨头

2013 年 5 月 29 日,双汇国际宣布以总价 71 亿美元收购全球最大的猪肉生产和加工商美国 Smithfield。本次交易全部以现金支付,其中 47 亿美元支付收购价款,并承担后者 24 亿美元的债务,收购完成后 Smithfield 将实现私有化。9 月 27 日,交易完成。本次交易将由中国银行的纽约分行与交易顾问摩根士丹利为双汇国际提供 70 亿美元融资,其中中国银行提供 40 亿美元,摩根士丹利将提供 30 亿美元。该笔交易因在食品行业再次上演"蛇吞象"而在行业内引起轩然大波。

（4）苏宁弘毅联手收购 PPTV PE 助力已投企业战略投资

2013 年 5 月 31 日,苏宁云商称拟向网络电视技术平台提供商上海聚力传媒(PPTV)发送收购意向书洽谈收购事宜。10 月 28 日,苏宁云商公告称拟联合弘毅 4.2 亿美元收购日本软银集团、软银中国投资、蓝驰创投、德丰杰共同持有的 PPTV 44%股权,其中苏宁云商与弘毅分别出资 2.5 亿美元和 1.7 亿美元。收购完成后,苏宁云商将成为 PPTV 第一大股东,该笔交易也成为苏宁云商迄今为止最大动作的一次战略布局。

（5）微创医疗 2.9 亿美元收购 Wright 创医疗行业最大出境案

2013 年 6 月 18 日，国内最大的介入治疗产品生产商微创医疗拟通过全资子公司 MciroPort Medical B. V. 出资 2.9 亿美元收购美国 Wright Medical Group 旗下的关节重建业务及其资产。12 月 16 日，交易完成。因交易规模之大，成为中国医疗企业出境并购交易中规模最大的案例。

（6）蒙牛 112 亿港元收购雅士利 创国内乳业最大并购案

2013 年 6 月 18 日，蒙牛乳业与雅士利联合宣布，蒙牛乳业向雅士利所有股东发出要约收购，并获得雅士利控股股东张氏国际投资有限公司和第二大股东凯雷亚洲基金全资子公司 CA Dairy Holdings 接受要约的不可撤销承诺，承诺出售合计约 75.3% 的股权。其中张氏国际和凯雷分别持股 51.3% 和 24%。8 月 15 日，蒙牛出资 111.89 亿港元成功获得雅士利 89.82% 股份，交易顺利完成，创下国内乳业规模第一并购案。

（7）百度 19 亿美元收购 91 无线 刷新互联网并购记录

2013 年 7 月 16 日，百度宣布与网龙网络签署谅解备忘录，拟 19 亿美元收购网龙网络旗下 91 无线网络 100% 股权。8 月 14 日，百度与 91 无线正式签署收购协议。10 月 1 日，该笔交易顺利完成，91 无线将成为百度的全资附属公司，并保留原有的管理团队独立运营。该笔交易涉及规模巨大，也因此成为中国互联网行业交易规模最大的并购案例。

（8）华谊兄弟 6.72 亿购得银汉科技 布局"影游互动"模式

2013 年 7 月 19 日，华谊兄弟发布公告，拟通过发行股份和支付现金的方式，收购国内最早专注于提供移动增值服务和移动网络游戏开发与运营服务的企业银汉科技 50.88% 的股权。银汉售股股东承诺，银汉科技在 2013 年度、2014 年度、2015 年度实现归属母公司股东的净利润不低于 1.1 亿元、1.43 亿元、1.86 亿元。

（9）雪人股份收购晶雪冷冻 开创 PE 退出新途径

2013 年 8 月 30 日，雪人股份公告称拟出资 4.48 亿元收购装配式冷库厂家常州晶雪冷冻 100% 股权。其中以发行股份方式购买晶雪投资、TBP Ice Age、国信弘盛、同德投资、宏邦投资以及国信创投原股东合计持有的 75% 股权，以支付现金的方式购买晶雪投资、常润实业合计持有的 25% 股权。交易完成后，雪人股份将持有晶雪冷冻全部股权，而晶雪冷冻背后的国信弘盛、宏邦投资等 VC/PE 机构将转而持有雪人股份的上市流通股实现退出。

（10）万科战略入股徽商银行产业资本布局金融领域

2013 年 11 月 12 日，万科通过万科置业（香港）公司，作为基石投资者，以 31.2 亿港元认购徽商银行 IPO 发行股份 8%。交易完成后，万科将成为徽商银行最大股东。在万科的助力下，周大福、江苏汇金控股集团、Genertec Capital、Peaceland 和 Kan Hung Chih 五位基石投资者共认购逾 40 亿港币，约占总募资规模 92.23 亿港币的 43%。

二、PE 二级市场

1. 简介

一般而言，"PE 二级市场"的交易可以大致分为两类：第一，私募股权基金的 LP 将自己已经实缴出资的出资份额，或尚未出资的出资承诺出售给其他投资者的交易行为；第二，私募股权基金在 GP 的管理和运营下，将投资于一家、数家甚至全部被投资企业中的权益出售给其他投资者的行为。PE 二级市场与一级市场的区别在于一级市场的交易主要发生在私募股权基金在最初设立时，而二级市场交易发生在私募股权基金的运营过程中或即将结束时。

2013 年由于 IPO 始终处于关闸状态，上市作为私募退出的最佳路径希望渺茫，这使得国内私募行业越来越重视 PE 二级市场的退出通道，业内不少机构都在尝试构建一个全国性的 PE 二级市场，以此来缓解 PE 退出难题，同时在二级市场中寻找优质项目进行投资。

2002—2012 年，中国 VC/PE 机构共投资 9965 个项目（不包括 PIPE 投资），其中仅有 837 个项目成功通过 IPO 退出，占比不足 10%；累计投资金额为 2154.6 亿美元，通过 IPO 形式退出的本金仅为 278.5 亿美元，占比约 13%。其中，2011 年 VC/PE 投资最为活跃，投资案例数量和金额双双创下近十年新高。退出方面，2010 年 IPO 退出较为活跃，有 236 家企业通过 IPO 实现退出。因此，除去已经通过 IPO 及并购等方式退出的项目，自 2002 年以来，有约 9 000 个私募股权投资项目尚未实现退出，投资总额约为 1 800 亿美元，PE 二级市场潜在交易量非常庞大。

随着 PE 基金二级市场交易需求的增长，一些 FOFs（基金的基金）也开始涉足 PE 基金份额转让，比如盛世投资、歌斐资产等。2013 年 3 月，歌斐资产管理有限公司成功完成募集首期"歌斐 S 基金"，募集规模达 5 亿元，成为目前国内规模最大的专注于 PE 二级市场的 FOFs 基金。

目前，中国 PE 二级市场仍处在探索期，尽管北京金融资产交易所等金融机构已经开始尝试建设 PE 二级市场,但是发展依然相当缓慢。目前,我国的 PE 二级市场不仅交易制度发展缓慢,而且二级市场参与者也较为稚嫩。我国的 PE 基金多以高净值私人投资者为主,份额规模小且分散,造成转受让价格估值较难确定,私募股权的交易往往需要引进中介机构进行相关的价值评估和流程控制,交易份额的零散使得中介机构的聘请成本占比较大,这样的 PE 投资者结构进一步阻碍了我国的二级市场的发展。此外,信用评级机构缺失也成为交易的潜在风险。

2. 发达国家 PE 二级市场发展经验

PE 二级市场诞生于美国,前后经历三个发展时期。总结美国二级市场的发展经验可以发现,二级市场的发展以一级市场的发展为前提,但二级市场的自身却呈现出一个类似波浪式的发展路径。每一次发展的转折点都与美国的宏观经济特别是美国的股票市场息息相关。

美国 PE 二级市场的第一浪成长期(2000—2003 年)发生于"互联网泡沫"破灭时期,2000 年 3 月 10 日 NASDAQ 指数到达 5 048.62 的最高点时到达顶峰。但是,2003 年 3 月 13 日,美国日 NASDAQ 指数突然直线下降,在当日开盘之时就猛跌了 4%。两天之后,NASDAQ 指数又下降了 9%左右。整个股票市场恐慌情绪蔓延,银行、养老基金、保险公司等美国 PE 二级市场的主要卖方都在不同程度上受到了股市暴跌的冲击。由于 PE 资产对于这些机构投资者来说,并非核心资产,因此,以上这些金融机构在股市暴跌后急需将自己所持有的 PE 资产变现,以应对自己的流动性风险。同时,股市暴跌也对美国的实体经济造成了一定的冲击,实业领域的 PE 投资者也在寻找一个可以转让和流通的通道。在这种情况下,美国的 PE 二级市场成了卖方的关注焦点。这些强烈的卖方需求催生了 PE 二级市场当时的快速发展。

美国 PE 二级市场的第二浪成长期(2005—2008):在经历了互联网泡沫和九一一恐怖事件以后,美国经济受到重大冲击。美国政府为了稳定经济保持市场活力,采取了一系列的刺激经济的措施。同时,美联储也不断降低基准利率,执行弱势美元的政策。这就使得当时的美国经济流动性泛滥,资金成本低廉。在实体经济快速发展和资金泛滥的情况下,使得私募股权基金出现了一个井喷式的发展时期。在这一时期,无论是 PE 一级市场还是二级市场,成交额均出现了一个大幅升高。私募基金的投资期限一般在 5—10 年左右,因此 2005 年以后二级市场进入了第二浪成长期。据统计,在 2005—2008 年间,美国 PE 二级市场的成交额年复合增长率达到 21%。与第一浪成长期由卖方主导二级市场发展不同,美国 PE 二级市场的第二浪发展主要由资金充裕的买方推动。一个较为明显的区别是:在第一个发展浪潮时,出售的私募股权份额大都存在较大的折扣,成交价格往往低于市场的公允价值;但是第二浪发展期的成交价格已经达到甚至超过了市场合理预计的公允价值。

美国 PE 二级市场的第三浪成长期(2008—至今):2008 年 9 月 15 日,美国第四大投资银行雷曼兄弟公司提交了破产申请,这一事件标志着美国次贷危机的全面爆发。在此后的时间里,美国的金融体系全面崩溃。高盛、摩根士丹利、摩根大通、花旗银行等世界金融领域的巨人都如履薄冰濒临倒闭。市场上流言四起,各种金融资产的市场价值都大幅度缩水,整个世界的银行体系都受到波及。在这样一个巨大的经济危机中,市场情绪陷入极度恐慌。大量卖方涌入了 PE 二级市场,希望通过迅速处理非核心资产保障自己的流动性,随后的剧情发展与 2000 年互联网泡沫破灭时如出一辙。但是,这种极度恐慌的市场环境,也给了冷静和作好准备的投资者一个百年一遇的投资机会。他们通过甄别选取了大量优质资产,在以后的经济复苏过程中获得了高额利润。

回顾美国 PE 二级市场的发展历程我们可以看到,宏观经济的大起大落,特别是流动性的时紧时松都给 PE 二级市场的发展提供了空间。尽管 PE 一级市场是二级市场发展的基石,但是真正造就近十年 PE 二级市场快速发展的是经济的极度波动。因为,只有在经济周期的迅速下滑时期,美国 PE 基金的投资者(主要是银行、养老基金、保险公司等机构投资者)才会大量出售 PE 资产套现,从而催生了 PE 二级市场的发展。PE 二级市场发展的深层次原因还是一级市场的制度结构造成的。由于 PE 的投资周期长,而且通常不允许提前兑付,这就使得 PE 投资者尤其是 LP 常常会因为流动性的原因需要变现却难以变现。这种流动性矛盾是二级市场发展的根本原因。经济危机只是二级市场发展的导火索。

值得一提的是,经济危机虽然造就了 PE 二级市场的快速发展,但是,美国 PE 二级市场之所以能够雄踞全球,除了因为美国的经济总量世界第一以外,还与美国的多层次资本市场结构相对完善、美国的相关金融人才充足、相关法律制度健全有关。这些条件都是 PE 二级市场发展的热土。需要强调的是 PE 二级市场是一个专业水平要求极高的市场,相关从业人员尤其是交易顾问,不仅需要精通相关法律法规,还需要对公司经营、资本运作、资产估值有相当深入的理解。反观中国市场,除了 PE 一级市场的发展规模为 PE 二级市场创造了基础条件外,其他条件目前还并不成熟。这也是为什么尽管近年来一些行业内的有识之士积极推进 PE 二级市场的发展,但收效甚微的一个主要原因。

3. 我国 PE 二级市场的发展

中国 PE 二级市场的发展目前仍处于"幼年期"。业内人士指出,当前国内 PE 二级市场呈现买方市场特征,卖方多以中小机构和个人投资者为主,份额规模小且分散,转受让价格估值较难确定。此外,国内 PE 二级市场缺失也成为交易潜在风险,越来越多的市场参与者强烈呼吁搭建 PE 二级市场。

目前,从公开披露的信息当中,我们发现我国只有北京金融资产交易所发布了《北京金融资产交易所私募股权交易规则》(以下简称《规则》)。该《规则》的发布标志着国内首个私募股权基金二级市场交易平台的成立,我国正式开启了 PE 二级市场交易的公开化进程。

北京金融资产交易所进行私募股权交易流程如下图:

图 2-7 北京金融资产交易所进行私募股权交易流程图

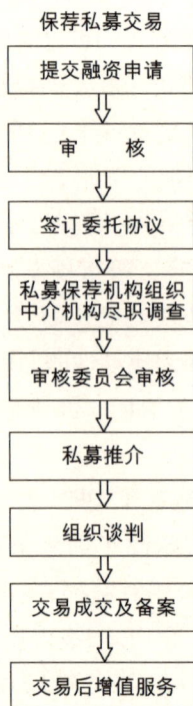

保荐私募交易

提交融资申请

审核

签订委托协议

私募保荐机构组织中介机构尽职调查

审核委员会审核

私募推介

组织谈判

交易成交及备案

交易后增值服务

资料来源:北金所官方网站、德邦证券

　　从该流程图我们可以看到,北京金融资产交易所的整个私募交易流程其实是围绕一个中心制定的。这个中心就是为私募股权出售方背书,在保证出售者商业秘密的同时,尽可能地增强交易过程信息的透明度和可信度,提高私募股权的交易效率。

　　PE二级市场的难点在于如何合理进行定价,而北京金融资产交易所的服务就在于帮助交易双方合理定价。与一级市场定价相比,二级市场的股权有一个相对优势,那就是二级市场定价是在私募基金已经进行相关股权投资之后进行定价的。因此,在进行相关价值评估时,对应的股权标的至少有一部分是确定的,这一定程度上降低了估值难度。但是,由于此类交易活动买卖的标的是企业权益的未来价值,估值难度依然很大。

　　我们认为PE二级市场的交易具有以下三个特征:

　　(1) 私密性

　　二级市场的私密性分为两个层次:第一,出售投资基金份额及未来出资义务的LP或者是出售项目股权的GP本身并不愿意在市场上披露自己的具体情况,这不仅会造成外界对其流动性的担心,而且如果在市场上人人尽知可能会影响出售金融资产的估值。第二,如果私募基金的一个LP出售其投资份额,尽管他自身在某种程度上希望将整个出售资产的具体情况透露给买方,但是其他LP和GP是不愿意进行相关披露的。因为,私募股权投资本身具有一定的价值挖掘和"淘宝"性质,而且相关的股权投资还会涉及被投资企业的商业秘密。因此,PE二级市场交易的一个重要矛盾是信息的披露程度,各方的利益取向有一些差别,各方很难达成一致,因此买方和卖方的信任程度很大程度影响了交易是否能够成功。因此,在交易中有一个中间人作为信用背书显得非常重要。信用背书人不仅背书卖方,同时也是在为买方的信用进行背书。

　　(2) 复杂性

　　二级市场交易的另一个特性是复杂性,由于买方与卖方对交易的标的在信息上有较大差距,因此他们对交易标的的价值判断就会产生很大的不同。在类似的商业谈判中,如果交易双方对未来风险判断有较大不同时,通常会进行结构化的交易。所谓结构性化交易,是指以交易对象未来价值的升降为目标而设计一系列的交易结构,利用这些交易结构来满足买卖双方的诸多利益诉求,从而使交易在较长时间里处于动态之中,买卖双方的权利义务将根据未来可能出现的某个情况而发生相应的变化。对于结构化的交易我们可以举个简单的例子,在体育新闻中我们常常会看见,某位刚刚转会过的球星(通常是前锋)在一个赛季进球已经超过了一定数量,比如 20 个进球。结果,这位球员现在所在的俱乐部要付给他的老东家一笔可观的费用,以此与球员的老东家来分享他们从这笔转会中获得的收益(进球数)。这就是一个较为简单的结构化的交易。由于在购买这位球员之前,新东家对这位球员所掌握的信息与老东家相比存在很大的差距,老东家认为这位球员的价值很高,一个赛季能为球队贡献 20 个入球,希望获得较多的转会费用。但是新东家对此不敢确信,希望压低交易价格,控制成本降低风险。解决这个矛盾的办法就是通过结构化的交易设计一个风险共担的结构化条款,比如在球员的进球数达到 20 个时,新东家将多付出一定的对价,分享这可能的收益。然而,PE二级市场的结构化交易与上述的例子相比往往要复杂很多,这就需要非常专业的投资顾问进行团队化的操作,保障交易双方的交易成功。可见,交易的复杂性也是催生 PE 二级市场中介的一个重要推手,而建立一个全国性的 PE二级市场有利于集中相关的人才和资源。

(3)大宗性

通过前面的分析我们可以看到,一个 PE 二级市场的交易往往需要大量的专业人力资源的投入,而这些高级顾问的薪酬较高。如果交易标的物的价值并不可观,通常是难以承受如此高昂的一笔费用的。因此,PE 二级市场的交易金额通常较大。尽管存在一些由 LP、GP 通过私人关系牵线搭桥的小额交易,但是这样的交易往往存在偶然性,并不能形成良好的标准化制度。PE 二级市场的快速发展无法依靠这样的不确定的市场力量。因此,PE 二级市场的交易注定是一个大宗交易主导的市场。而大宗交易的交易双方对于交易过程更为审慎,因此一个具有公信力的交易平台一直是业界翘首以盼的。

PE 二级市场交易的以上特点构成了建立二级市场的内部原因,而一级市场的高速发展和退出机制的匮乏构成了建立二级市场的外部催生力量。由此可以看到在我国建立一个具有公信力的 PE 二级市场是历史发展的必然趋势,尽管我国还存在一些阻力因素,但是 PE 二级市场发展的脚步是不会停歇的。在各方利益推动之下,我们认为未来 PE 二级市场在中国将形成一个巨大的市场。

4. PE 二级基金

PE 二级基金又称为 FOF(fund of funds),直译成中文就是基金组合的基金,即为了投资于其他 PE 基金而设立的基金。它与普通 PE 基金最大的不同在于,普通 PE 基金的投资标的为非上市企业的股权,而 PE 二级基金的投资标的是其他普通基金的份额。PE 二级基金取得相关份额的途径有两种:第一,在普通 PE 基金初始申购时就参与到其中。此类投资本质上与普通基金并无巨大区别,只是使投资标的更为分散,达到控制风险的目的,在风险得到控制的情况下,使得中小投资者也能参与。第二,购买其他基金的 LP 所持有的份额,或者直接从已经存续一段时间的 PE 基金 GP 手中直接购买部分或整个股权资产。此类交易与普通 PE 基金有本质的区别。从时间维度来看,由于此类投资时"半路杀入",投资周期会得到明显的缩减,有利于二级基金控制回报周期;从风险控制的角度看,此类投资的交易复杂程度、交易的风险维度发生了巨大变化,不仅要关注基金投资标的资产企业股权的未来的商业价值,还需要关注 GP 与企业的股权关系,LP 与 GP 之间的协议关系。这也使得 PE 二级基金的运营难度显得更大。但是,PE 二级市场是一个流动性溢价较大的市场,出售的资产往往会有较大的折价,因此,在承担巨大风险的同时,PE 二级基金也有较大的获利空间,这也符合 PE 投资者的高风险偏好。因此,PE 二级基金的发展也是 PE 一级市场衍生出来的一个新的投资方式。

据 ChinaVenture 投中集团网站报道,在我国随着 PE 基金二级市场交易需求的增长,一些 FOFs 也开始涉足 PE 基金份额转让,比如盛世投资、歌斐资产等。2013 年 3 月,歌斐资产管理有限公司成功完成募集首期"歌斐 S 基金",募集规模达 5 亿元,成为目前国内规模最大的专注于 PE 二级市场的 FOFs 基金。相比于普通 PE 基金,投资于 PE 二级市场的基金具有以下三方面优势:首先,投资于 PE 二级市场的基金在投资时可明确地了解到所投基金的已投项目情况,极大地减小了不确定性带来的风险;其次,投资于 PE 二级市场的基金可有效优化投资组合和收益;最后,投资于 PE 二级市场的基金能够以相对更短的时间实现退出,显著改善流动性。

三、PIPE 投资

PIPE 是私募基金、共同基金或者其他的合格投资者以市场价格的一定折价率购买上市公司股份以扩大公司资本的一种投资方式。PIPE 主要分为传统型和结构型两种形式。传统的 PIPE 由发行人以设定价格向 PIPE 投资人发行优先或普通股来扩大资本。而结构性 PIPE 则是发行可转债(转换股份可以是普通股也可以是优先股)。

2013 年,PIPE 投资成为股权投资市场中闪亮的一景。无论是 KKR 投资海尔、IDG投资全聚德的经典案例，还是在内地和香港定增市场频频出现的内地投资机构的身影，一时间使定增投资成为机构投资的焦点话题。

2007年至2011年，中国私募股权投资市场PIPE（私人股权投资已上市公司股份）投资案例数量呈现明显增长态势，案例数量由53起增加到143起，累计增幅达170%。从其在整个PE投资中占比来看，案例数量占比由2007年的15%增至2011年的37%。

从投资规模来看，2007年至今PIPE类型投资规模基本呈现平稳增长，披露规模由2007年104亿美元增至2011年127.7亿美元，增幅达23%。其中2008年因全球金融危机影响，投资规模略有下降；2009年因淡马锡联合厚朴投资73亿美元战略投资建设银行的巨额交易，使得当年PIPE投资规模居近6年之首。从PIPE投资在整个PE投资规模占比来看，扣除2008、2009年的超低和超高影响，2010年至今基本维持在35%—45%的波动区间。

2012年至今PIPE投资案例数量按照行业分布来看，制造业、化学工业、金融业、医疗健康业四个行业分别以16、10、6、6起案例占比23%、16%、10%、10%，居前四位；投资规模按照行业分布来看，金融行业、制造业、建筑建材行业分别以30.76亿美元、6.38亿美元、5.57亿美元占比49%、10%和9%，位居各细分行业前三。

PIPE投资获得诸多机构的热捧，不仅仅出于对中国经济以及优秀企业发展前景的肯定，还得益于基金大型化发展趋势的推动，以及当前投资环境的挤压。近年来，超大型基金的募集越来越频繁，针对数亿及数十亿美金的投资诉求，原先针对未上市公司的少量股权投资已不适用，PIPE投资成为少数不错选择对象之一；另一方面，投资机构面临退出乏力和一级市场投资谨慎的双重选择，PIPE成为多元化一种选择。

案例1：KKR注资青岛海尔，为中国区最大一笔投资

2013年9月29日，青岛海尔发布公告称，KKR拟通过现金认购青岛海尔发行的10%股份成为公司战略股东，本次募集的资金总额33.82亿元全部用于补充流动资金。借助此次股权投资合作，海尔成功募集巨额资金，降低资产负债率，并为后续扩大规模和搭建网络化平台完成资金储备。除此之外，通过与KKR开展战略合作，撬动其全球研发和渠道资源，有助于海尔扩充战略资源、实现战略转型目标。

KKR对中国市场寄予厚望，先后募集KKR亚洲基金、KKR中国成长基金、KKR二期泛亚基金，基金总规模超百亿美元，优质企业大体量融资项目是其主要投资方向。近年来，针对中国市场的超大体量基金陆续募集，一级市场已经无法满足此类急速膨胀的投资诉求，未来定增市场有望迎来更多合作机会。

案例2：IDG投资全聚德

IDG资本管理（香港）有限公司（以下简称"IDG资本"）和华住酒店管理有限公司（以下简称"华住酒店"）以3.5亿元入股全聚德。按照公告披露，本次发行的募集资金总额为不超过3.5亿元，IDG资本认购1782万股，认购金额2.5亿元，占发行股份的七成，对全聚德的持股比例将达到5.78%，成为全聚德第二大股东。

四、新三板与四板市场

1. 新三板的发展

2012年，随着资本市场创新的推进及新三板扩容的加速，新三板挂牌企业数量猛增。尽管如此，新三板市场成交仍然极不活跃，流动性差、融资功能薄弱成为束缚新三板进一步发展的桎梏。2013以来，新三板核心制度的一系列改革有利于提升市场活跃度，进而改善流动性问题，新三板市场繁荣可期。

2013年11月14日举行的新三板主办券商动员大会，却让不显波澜的新三板泛出一线曙光。会上宣布，做市商系统将于2014年5月测试，8月将上线。这将给"新三板"提供一个历史机遇，做市商制度的出台将极大地提高新三板市场的流动性，从而吸引更多的投资者和企业选择新三板，产生滚雪球的效应，不断提高新三板的影响力。

2013年12月14日，就在IPO宣布重启后的第二个周末，国务院发布《关于全国中小企业股份转让系统有关问题的决定》（以下简称《决定》），挂牌企业的范围从4个高新技术园区扩展至全国，中小企业股份转让系统的全面扩容正式启动。从此，新三板进入了一个加速发展的时期，市场关注度和活跃度明显提高。

2014年1月24日，全国中小企业股份转让系统（新三板）首批全国企业集体挂牌仪式在京举行。这是国务院发布《决定》之后，全国股份转让系统举办的首场集体挂牌仪式，来自全国28个省、市、自治区的285家企业闪亮登场。首批全国企业集体挂牌后，全国股份转让系统挂牌企业数量达到621家，市场规模和企业质量得到提升，市场影响力和覆盖面显著扩大，全国股份转让系统步入创新发展、快速发展的新阶段。

从市场规模方面来看,截至 2013 年 12 月 26 日,全国股转系统挂牌公司(新三板)企业数量从 200 家一下增加到 356 家,较年初增长 78%;总股本 97.08 亿股,总市值 547.96 亿元。挂牌公司平均流通市值 6248 万元;挂牌公司平均市盈率 21.2 倍,较年初增长 9.7%。可挂牌企业范围从北京中关村扩展到上海张江、天津滨海和武汉东湖 4 个高新园区之后,新三板的规模有了较大幅度的扩张。

图 2 - 8 新三板历年公司挂牌数

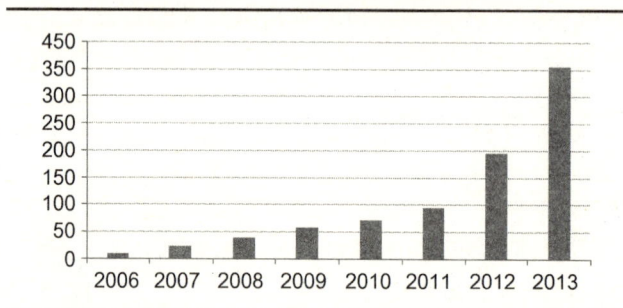

资料来源:德邦证券

股票交易方面,截至 2013 年 11 月 30 日,本年累计成交 1.42 亿股,成交金额 5.93 亿元,年化平均换手率 2.71%,较 2012 年市场平均换手率 2.07%增长了 35%左右。考虑做市商制度的引入、个人投资者和金融产品的参与、最低交易门槛大幅降低,未来新三板市场的活跃程度有望大幅提高。此外,在低流动性之下,新三板挂牌企业的价格波动较小。

图 2 - 9 新三板历年成交量(万元)

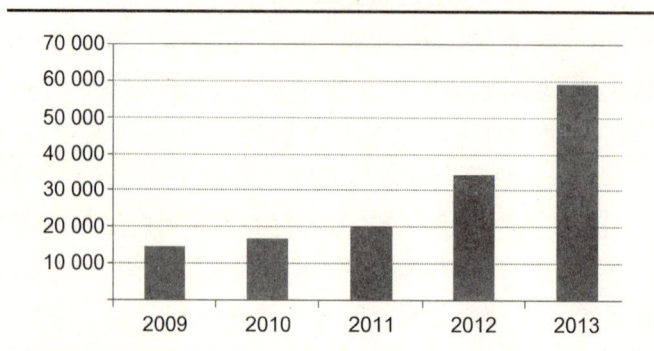

资料来源:德邦证券

　　在估值水平方面,新三板挂牌企业估值持续低于中小企业板和创业板上市公司,目前新三板静态市盈率 22 倍,高于全部 A 股的 12.73 倍。

　　然而,多年以来,新三板因为流动性较差,始终让各方投资者都提不起兴趣。2013 年换手率仅为 2.7%,远低于创业板的 847%、主板的 141.44%。从目前来看,新三板市场融资功能依旧较为薄弱。2007—2012 年,共有 40 家新三板挂牌企业实施了 48 次定向增发,合计增发 4.1 亿股,累计募集资金 20.9 亿元,北京时代、联飞翔、中海阳等企业进行了两次以上的定向增发。其中,2012 年共有 24 家新三板挂牌企业实施定增融资,累计募集资金 8.5 亿元,同比增加 20.7%,平均单家企业融资 3 560 万元。总体来说,新三板市场融资规模依旧较小,难以满足企业融资需求。

图 2 - 10　2006—2012 年新三板定增融资情况

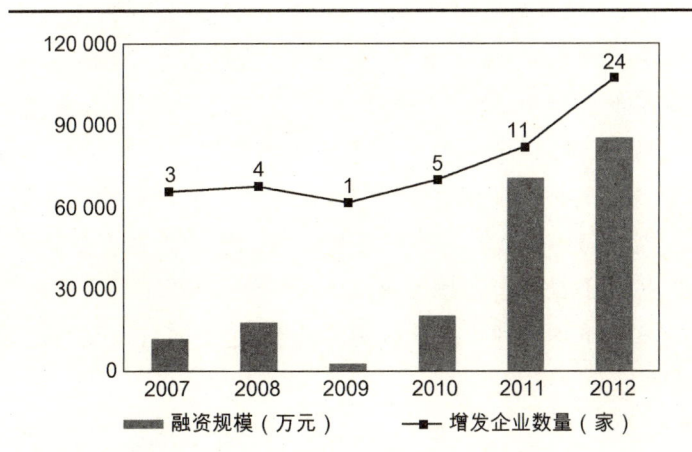

资料来源:德邦证券

2. 新三板改革的影响

　　一直以来,流动性差是制约新三板市场进一步发展的桎梏,而市场范围、投资者受限以及交易制度缺陷是新三板成交平淡的主要原因。2012 年 8 月,新三板扩容正式拉开帷幕,市场范围由中关村园区向全国范围逐步扩展。2013 年 1 月,全国中小企业股份转让系统正式揭牌运营,成为我国场外市场建设的标志性事件。全国中小企业股份转让系统是由国务院批准设立的全国证券交易场所,其运营管理机构以有限责任公司形式设立,为非上市股份公司股份的公开转让、融资、并购等相关业务提供服务。2013 年 2 月,《全国中小企业股份转让系统业务规则》及配套文件正式发布实施,意味着新三板业务走上正轨。

2014年1月24日,全国中小企业股份转让系统(简称"全国股份转让系统")首批全国企业集体挂牌仪式在京举行。全国股份转让系统由此步入创新发展、快速发展的新阶段。另外值得注意的是,自今年2月份以来,市场交易逐渐活跃,市场合计成交1.97亿股,成交金额8.02亿元,分别比2012年全年增长72.29%和37.33%。机构投资者买入股票金额占比近50%。市场整体换手率为3.87%,部分股票成交较为活跃。挂牌公司平均市盈率为21.20倍。

新制度在挂牌条件、转让方式、投资者范围等方面取得了实质性突破。挂牌条件方面,挂牌公司不受股东所有制性质的限制,不限于高新技术企业,股东人数不受200人限制,无需政府出具资格确认函,由全国股份转让系统公司及中国证监会核准后即可挂牌。股份转让方面,突破此前仅委托转让一种形式,可以采取协议方式、做市方式、竞价方式或其他中国证监会批准的转让方式,交易最低额度由30 000股降至1 000股。投资者方面,新三板市场正式向个人投资者开放,个人投资者需要有两年以上的证券投资经验,或具有会计、金融、投资、财经等相关专业背景,并且要求投资者本人名下前一交易日日终证券类资产市值在300万元人民币以上。新制度放宽了新三板企业挂牌条件、拓展了投资者范围并使股份转让方式更加灵活可选,并降低了交易限额,这些改革均有利于提升市场活跃度,进而改善流动性问题,新三板市场繁荣可期。

以往仅有11%的受访GP选择通过新三板退出,而扩容后的新三板则增加了VC/PE机构挖掘投资项目及退出的渠道,将成为其新的掘金点。一方面,VC/PE行业经历了过去几年的非理性扩张之后,市场成本不断上升,竞争愈加激烈,好项目越来越难以挖掘。新三板的扩容可以为PE机构提供大量可供选择的投资项目,但与传统的Pre-IPO项目不同,新三板公司的商业模式还不太成熟,需要PE机构将投资策略向早期转移。另一方面,受宏观经济形势低迷影响,VC/PE行业呈持续疲软态势。加之资本市场的内外交困,退出渠道逐步收窄,退出回报率也呈现出下滑趋势。因此,PE机构不得不拓展多元化的退出方式,新三板为其手中的存量股权投资项目开辟了新的可靠退出渠道。

在转板机制和流动性日趋改善的预期下,VC/PE机构也会给予新三板更多关注。自新三板成立以来,由新三板挂牌转板到中小板和创业板的公司共有6家,其中北陆药业、世纪瑞尔给参与其中的PE机构带来了丰厚的退出回报。

表2-4　成功转板的公司

名称	上市时间	涉及PE机构	账面退出回报率
博辉创新 300318.SZ	2012/05/23	—	—
紫光华宇 300271.SZ	2011/10/26	—	—
佳讯飞鸽 300213.SZ	2011/05/05	—	—
世纪瑞尔 300016.SZ	2010/12/22	国投高科	74.95
		启迪创投	9.35
北陆药业 300016.SZ	2009/10/30	北京科投	23.64
		盈富泰克	3.06
久其软件 002279.SZ	2009/08/11	—	—

资料来源:德邦证券

目前,券商系PE也在加大对"新三板"的关注,今年1月份,申银万国投资公司联合湖北高投、东湖创投引导基金及其他社会资本发起设立了总规模达5亿元的光谷新三板股权投资基金,成为国内首只专门针对"新三板"挂牌及拟挂牌企业开展股权投资业务的专业性基金。此外,广发证券旗下广发信德也正有意筹备一只新三板基金。凭借广泛的业务网络,券商系PE有望推动新三板交易的活跃,进而吸引更多PE机构介入。

挂牌新三板将帮助中小企业完成财务、信息公开和治理、运作规范等方面的初始化工作,使企业经营更加规范,为以后转板上市作好充足的准备。同时,也为PE机构开辟了新的退出渠道及投资平台。随着新三板扩容的加速及相关制度的日趋完善,新三板市场流动性问题得到有效改善,融资功能亦有所加强。因此,转向新三板市场对排队企业及撤单企业来说是一个不错的新选择,也将成为PE退出的又一新途径。

3.上海股权交易中心

上海股权托管交易中心经上海市政府批准设立,归属上海市金融服务办公室监管,遵循中国证监会对中国多层次资本市场体系建设的统一要求,是上海市国际金融中心建设的重要组成部分,也是中国多层次资本市场体系建设的重要环节。

上海股交中心经上海市人民政府授权,对企业进入新三板和交易所市场进行培育、辅导和推荐,作为对接新三板和交易所市场的地方服务平台。上海股交中心和新三板都属于证券场外交易市场,是多层次资本市场的基础市场。在未来,场外交易市场有望与交易所市场通过转板机制建立起企业在不同层次市场之间的流动,构成我国的多层次资本市场。在上海股权交易中心挂牌的企业在条件成熟的情况下,可以到新三板挂牌,也可以直接到主板或创业板上市。上海股交中心具有与新三板相同的资本市场功能,但挂牌门槛和成本比新三板更低,能更好地发挥培育和孵化功能,从而为中小企业进入资本市场提供平台。

4. 前海股权交易中心

前海股权交易中心是受国务院政策支持,深圳市政府批准,在深圳前海深港现代服务业合作区建设的,由国有企业控股、市场化运作的区域性交易市场。中心于 2012 年 5 月 15 日挂牌,2013 年 1 月 5 日完成增资扩股,注册资本 5.55 亿元,

前海股权交易中心的"挂牌标准"为企业存续期满一年,且符合以下 4 个标准中任何一项财务标准,即可申请挂牌:

(1) 最近 12 个月的净利润累计不少于 300 万元;

(2) 最近 12 个月的营业收入累计不少于 2 000 万元,或最近 24 个月的营业收入累计不少于 2 000 万元,且增长率不少于 30%;

(3) 净资产不少于 1 000 万元,且最近 12 个月的营业收入不少于 500 万元;

(4) 最近 12 个月银行贷款达 100 万元以上,或投资机构股权投资达 100 万元以上。

前海股权交易中心与新三板市场的一个重要不同点在于,它是根据地方政府的授权,将非上市股份有限公司股权登记托管在前海股权交易中心;而新三板是将股权统一托管到中国证券登记结算有限公司。这意味着前海股权交易中心是一个较为独立的结算体系,与交易所的结算体系完全分离。前海股权交易中心正在进行一次较为独立的场外市场建设尝试。

表2-5 场外市场与创业板的比较表

	前海股权交易中心	上海股权交易中心	新三板	创业板
适用企业	没有明确要求	没有明确要求	没有明确要求	高科技、高成长性
财务指标	达到以下4个标准中任何一项财务标准，即可申请挂牌： (1) 最近12个月的净利润累计不少于300万元 (2) 最近12个月的营业收入累计不少于2000万元，或最近24个月的营业收入累计不少于2000万元，且增长率不少于30% (3) 净资产不少于1000万元，且最近12个月的营业收入不少于500万元 (4) 最近12个月银行贷款达100万元以上，或投资机构股权投资达100万元以上	无定量规定	无定量规定	最近2年连续盈利，净利润不少于1000万，且持续增长；或者最近1年盈利，且净利润不少于500万；最近1年营业收入不少于5000万元；最近两年营业收入增长率均不低于30%
股本规模	无定量规定	无定量规定	挂牌前不低于500万	发行前净资产不低于2000万，发行后股本总额不少于3000万
无形资产占比	无定量规定	注册资本中存在非货币出资的，应设立满一个会计年度	无明确限制	无明确限制
营业记录	企业存续期满一年	注册资本中存在非货币出资的，应设立满一个会计年度	依法设立且存续满两年；业务明确，具有持续经营能力	持续经营3年以上；连续计算2年业绩；最近2年主营业务、实际控制人和管理层不发生重大变化
经营规范	规范	规范	规范	严格

续 表

	前海股权交易中心	上海股权交易中心	新三板	创业板
合法合规	无定量规定	无定量规定	最近2年内无重大违法违规	最近3年内无重大违法违规
审核方式	无审核	简易核准（形式审核）	简易核准（形式审核）	实质性审核
行政审批部门	自律管理	上海市金融办（实质自律管理）	证监会（实质由股转公司负责）	证监会
审核周期	无定量规定	50个工作日	2个月左右	6个月以上
融资功能	中等	中等	较强	强
股权流通	无定量规定	流通，股东不可以超过200人	流通，股东可以超过200人	流通，股东人数不限
股权激励	中等	中等	较强	强
广告效应	中等	中等	较强	强
所需时间	无定量规定	2个月	6个月	1—2年

资料来源：CV Source

第三章

全球私募股权及风险投资基金发展情况

最近几年,PE 行业的发展受到全球经济不确定性以及投资者谨慎的影响,募资环境一直不乐观。然而 2013 年,基金募集已经得到了明显的改善与提高。2013 是全球私募股权投资自 2008 年以来募资总额最高的一年,共有 873 只基金募集成功,募集总额达到 4 540 亿美元。在交易与退出方面,2013 年通过并购退出的股权投资项目共有 1 348 个,涉及金额达到 3 030 亿美元。因此,投资人有更多的流动性可以投资新的股权项目。

2013 年 GP 募集的平均基金规模都有明显的提高,但是股权投资行业的集中度很高,LP 将更多的资金投资给有丰富经验的管理人,首次成立的基金,只占整个行业募集规模的 7%。投资人越来越多地将资金投资给少部分的管理人,因此也造成了规模大的基金越做越大。尽管 LP 表示他们偏好中型市场的收购基金,但是规模在 15 亿美元的基金占到整个股权投资市场募集的 58%。超级基金(Mega Funds)在 2013 年的表现尤其突出,阿波罗全球管理结束了它投资基金 VIII 的募集,成功超越了其原有的募款目标 120 亿美元。在 7 月份临时关闭后,2013 年 12 月阿波罗投资基金 VIII 最终募集 184 亿美元,包括 LP175 亿美元的承诺,使它成为自 2008 年金融危机爆发以来,募集规模最大的股权投资基金。

自 2000 年开始,私募股权行业的在管理资产(AUM),即所谓的"干火药"(dry powder)资本承诺,加上未实现的价值投资组合的资产,继续逐年增加,维持在 1 万亿美元的水平。截至 2013 年 6 月底,私募股权投资行业的在管理资产达到 3.5 万亿美元。

图 3 - 1 2000—2013 年全球私募股权投资基金在管理资产（AUM）

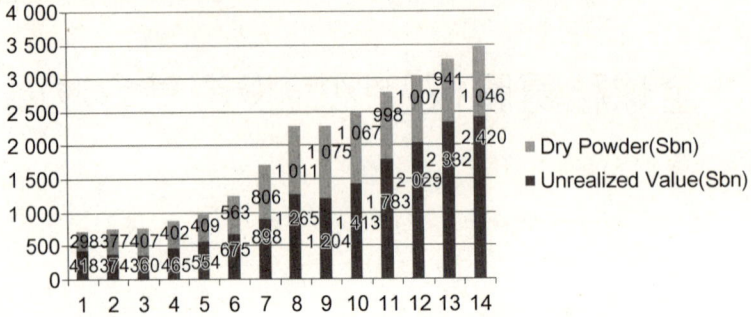

资料来源：德邦证券

如上图所示，从 2000 年 12 月至 2013 年 6 月，私募股权投资行业的在管理资产在 2000 年和 2004 年间逐步增长。2004 年到 2007 年出现了高频率的交易及大规模的募集活动，在金融危机前达到了一个繁荣时期。然而由于金融危机造成的资产贬值，导致退出活动急剧下降。然而在此期间，基金经理继续募集资本，这导致在管理资产自 2009 年进一步增加。

图 3 - 2 2000—2013 年全球私募股权投资基金每年募集及再分配情况

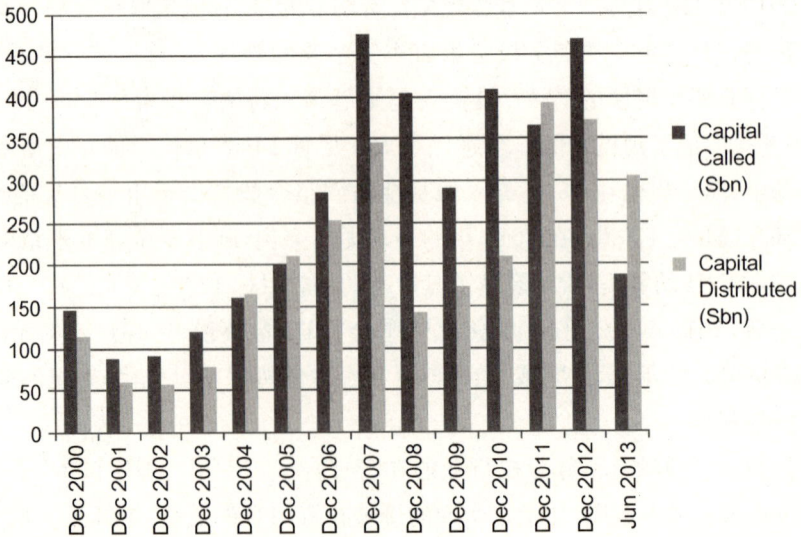

资料来源：德邦证券

　　2008年到2010年间缓慢的退出环境导致未变现的投资组合的价值逐年增加，同时投资者也没有更多的资金去投资新的基金，使得市场的募资环境更加严峻。

　　2013年风险投资项目的退出数量也达到自2007年以来的新高，全年共有798只项目退出。同时，资本交易也相当活跃，2013年共有5979个风险投资交易，涉及金额达到460亿美元；2836个并购交易，涉及金额达到2740亿美元。然而，风险投资环境的不平衡也令人担忧，交易明显大于退出的数量，有多少投资可以最终成功退出成为一大疑问。

图3-3　风险投资公司按照募集基金的数量分布

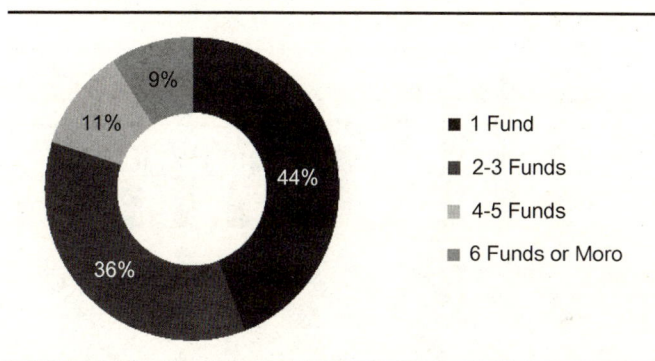

- 1 Fund
- 2-3 Funds
- 4-5 Funds
- 6 Funds or Moro

44%
36%
11%
9%

资料来源：德邦证券

　　全球范围内，美国风险投资管理公司的数量最多，达到770家；其次是中国和英国，分别为87家和75家；日本、加拿大、法国等国的风险投资管理公司大概在40家左右。风险投资基金对于行业的投资偏好，在全球而言，最感兴趣的三大领域分别是高新技术、医疗健康以及传媒通讯。

表3-1　各个国际暗风险管理公司按数量分布

GP所在地	公司数量
美国	770
中国	87
英国	75
加拿大	50
日本	48
法国	41
印度	38

续　表

GP 所在地	公司数量
德国	35
韩国	34
以色列	33

资料来源：德邦证券

图 3-4　风险投资的行业偏好

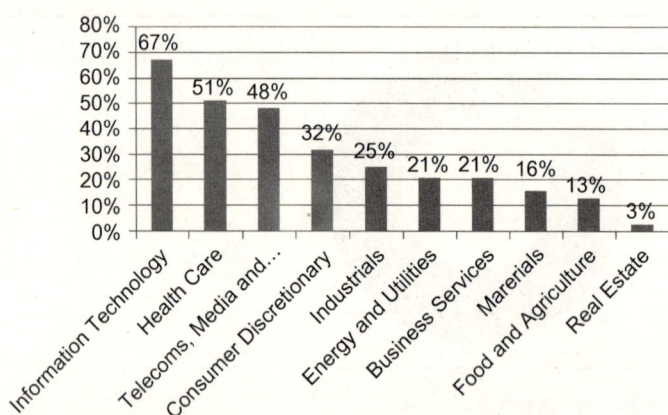

资料来源：德邦证券

表 3-2　全球最大规模的五大风险投资基金

Fund	Firm	Year Closed	Final Size(bn)	GP Location
Nanjing Jianning Zijin Equity Investment Fund I	Nanjing Zijin Investment	2012	3.2 USD	China
Invention Investment Fund II	Intellectual Ventures	2008	2.8 USD	US
New Enterprise Associates XIV	New Enterprise Associates	2012	2.6 USD	US
InSight Venture Partnes VIII	Insight Venture Partners	2013	2.6 USD	US
Oak Investment Partners XIII	Oak Investment Partners	2006	2.6 USD	US

资料来源：德邦证券

全球私募股权行业一直处在复苏阶段,收益与业绩也在逐渐地反弹。然而不同的基金之间,回报率还是有天壤之别。货币加权回报(IRR),由于考虑到基金经理对时机的投资决策,是最熟知和广泛使用的基金业绩指标,是内部收益率。如下图所示,整个私募股权投资行业的平均净内部收益率。

图 3-5　全球私募股权投资基金不同类别的投资收益

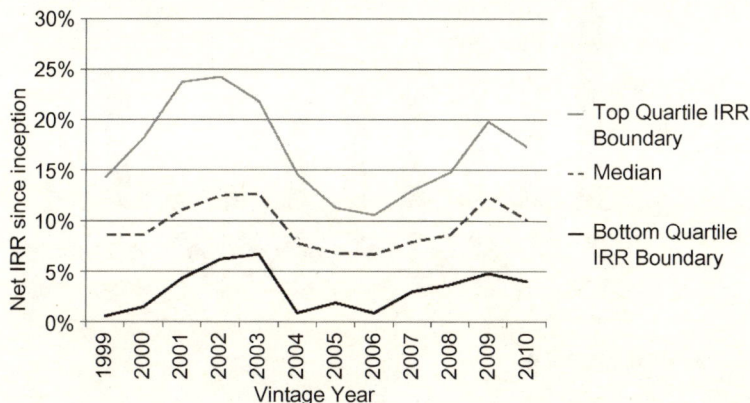

资料来源:德邦证券

据数据提供商 Preqin 的调查显示,与 2012 年相比,专注亚洲地区投资的基金募集规模减少了 37%,北美及欧洲以外地区的资金募集减少了 50% 左右。专注于北美及欧洲地区投资的基金募集在 2013 年有了一定程度的增长。可以说,全球私募股权市场正在一个逐步回暖的过程中,但是市场依然极为拥挤,目前有 2 080 只基金在募集中,很多企业将面临市场发售期过长的窘境,而其他公司将被迫放弃融资努力。

对于 2014 年的全球 PE 市场趋势以及投资者对投资的看法,Preqin 在 2013 年 12 月向全球的 100 家 LP 作了访谈,确认他们未来的投资计划。谈话表明了投资者对私募股权投资的兴趣将在接下来的一年保持强劲。越来越多的投资者认为他们的私募股权投资满足或超过了他们的预期。超过 3/4(77%)的投资者认为他们的投资达到了他们的预期,相较于 2012 年 12 月的 74% 有一个小幅的增长。13% 的投资者认为他们的投资超过了他们的预期,这是 2011 年 12 底持这一观点的投资者数量的两倍。

然而,随着私募股权市场自从金融危机以来受到了越来越多的关注,监管的变化已经被视为 2014 年 LP 们面临的最大挑战。如图 3-6 所示,超过

1/4(26％)的投资者认为政策监管的变化将是 2014 年里的主要挑战，相比而言 2012 年 12 月只有 15％。其次是基金本身的业绩以及经济环境的变化被视为较大挑战。

图 3-6　2014 年私募股权投资面临的挑战

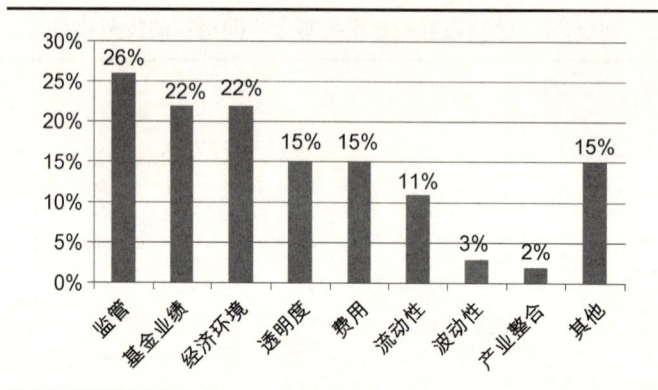

资料来源：德邦证券

第二篇

中国阳光私募年度报告2014

第四章
CHAPTER 4

阳光私募发展状况与业绩综述

经历了市场的多番洗礼,中国阳光私募已成长为财富管理行业最重要的构成者之一。在中国的财富管理焕发勃勃生机的时代下,阳光私募的发展又迎来了新契机——更多的渠道都向其启动了开放之门。除了2012年9月传统的信托证券账户重新放开,包括券商、公募基金、资产管理公司等,都成为阳光私募合作的载体,他们相对于信托来说,在成本和投资限制上都具备优势。由此,阳光私募进入了混业监管阶段。同时,投资策略在丰富多样性上越走越远,策略实践技术也向着更专业的方向前行。2013年,私募基金直面惨淡的市场,积极大胆地在转型之路上迈出坚实的步伐。

据wind数据统计,2013全年共新发产品1372只,其中股票型产品961只,债券型产品248只,其他类型产品163只,发行总规模达460.7亿元。另外,根据信托业协会统计显示,截至2013年四季度,与私募基金合作的信托产品存量规模约为2544亿元,与上年末基本持平。由图4-1可以看出,信托类的私募产品在2013年进入成长的平台期。结合2013年发行规模的统计,可以发现,在其他合作渠道的有力竞争下,信托或在私募基金的发行市场上占比逐步下降。

与往年相比,阳光私募行业进入发展平缓期。受低迷的市场环境等因素影响,2013年行业继续遭受着产品赎回、清盘和新品发行困难等问题。从产品发行数量上看,2013年每季度的发行产品总数保持在340只左右,较2012年有大幅增长;然而,在发行总规模上变动明显,尤其在2013年二到四季度,出现了50%以上幅度的下滑,每季度的发行规模不足百亿。

图 4 - 1　2010—2013 年与私募基金合作的信托规模变化

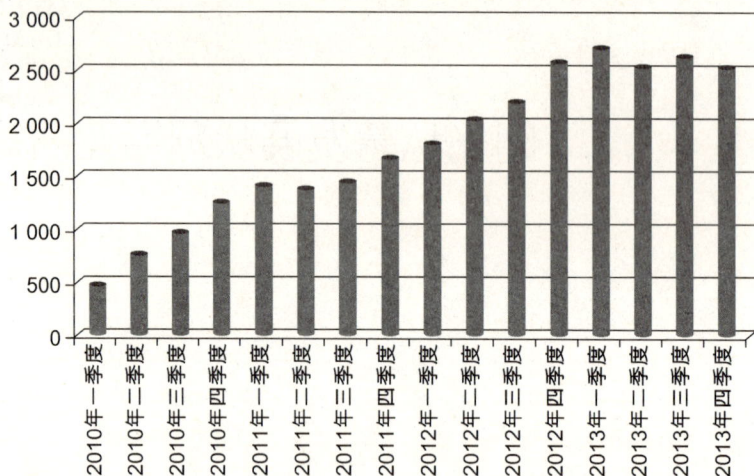

资料来源：德邦证券、信托业协会

图 4 - 2　2012—2013 年阳光私募发行总数与规模变化

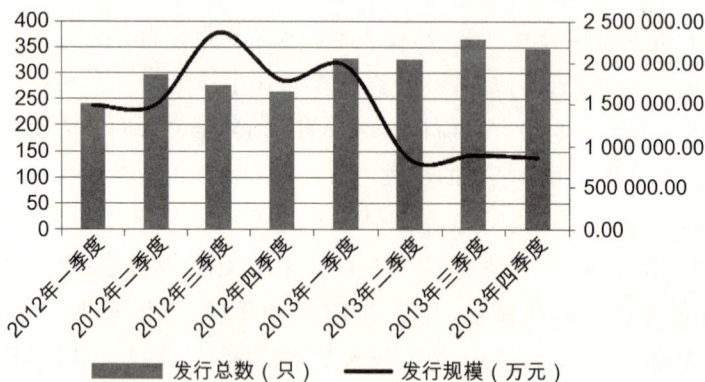

资料来源：德邦证券、Wind

一、2013 年阳光私募发行情况

1. 以股票投资为主的产品仍是主旋律

结合以往数据，2013 年成立新品数量较 2012 年增加 26.6%。从时间轴上观察，阳光私募产品的发行持续震荡。由于春节假日因素，2 月发行量为全年最低，5 月则以 145 只新产品发行量，创全年新高。下半年以来，每月月均新品在

120 只左右波动,保持了旺盛的发行势头。但受市场长跌影响,绝大部分为优先劣后分级产品,且整体发行规模有所萎缩。

从产品类型来看,以股票市场投资为主的产品仍以七成的绝对优势占据主要地位,同时,债券型新产品的比例较 2012 年有所上升。长期的 A 股市场低迷紧逼其盈利模式的转变。从最初只能做多二级市场,到 2013 年,量化类、对冲型等其他差异化产品如雨后春笋般冒出,私募基金在市场倒逼中创新,在新的多元化投资思路中寻找新的盈利模式,在新的盈利模式中寻找新的业绩增长点。

图 4-3　2013 年全国阳光私募产品月度成立数量变化图

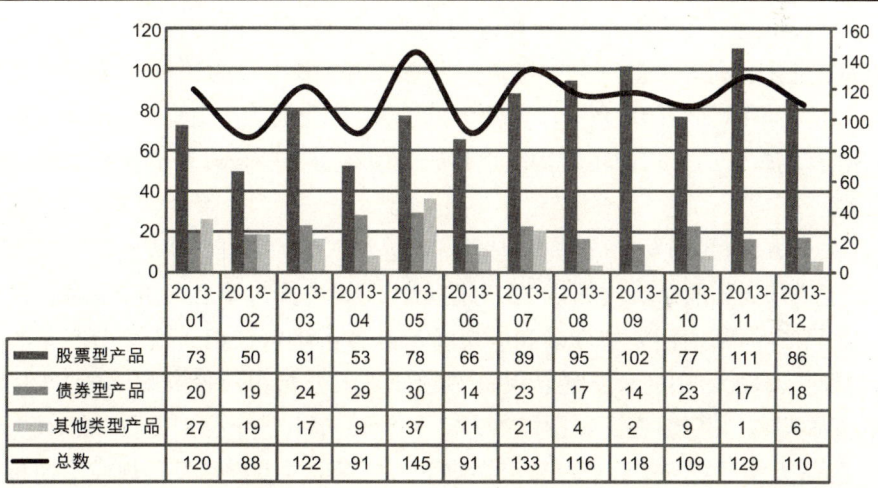

	2013-01	2013-02	2013-03	2013-04	2013-05	2013-06	2013-07	2013-08	2013-09	2013-10	2013-11	2013-12
股票型产品	73	50	81	53	78	66	89	95	102	77	111	86
债券型产品	20	19	24	29	30	14	23	17	14	23	17	18
其他类型产品	27	19	17	9	37	11	21	4	2	9	1	6
总数	120	88	122	91	145	91	133	116	118	109	129	110

资料来源:德邦证券、Wind

图 4-4　2013 年新发产品类型占比

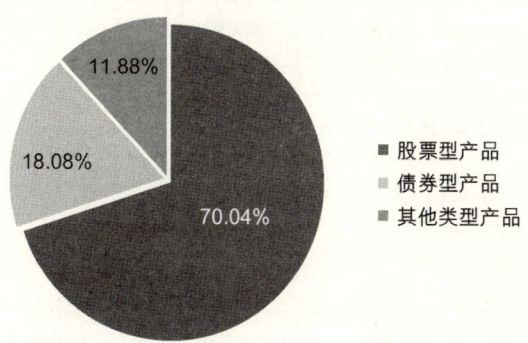

- 11.88%
- 18.08%
- 70.04%

■ 股票型产品
■ 债券型产品
■ 其他类型产品

资料来源:德邦证券、Wind

2. 发行主体分布

虽然近两年来,阳光私募的发行平台呈现多元化的趋势,而信托平台在其投资范围受限、无法顺利实现投顾投资理念的实际运作等不利因素下渐渐放慢了脚步。然而,在阳光私募形成初期和高速发展阶段,是以信托平台为主要依托,在多年的累积下,目前存续的产品中,有约 91.7% 的阳光私募产品表现为信托产品,管理规模合计占 97% 以上。

图 4-5 与图 4-6 分别为信托公司存续私募产品数量与规模排名。外贸信托在两个榜单中均拔得头筹,以受托 339 只阳光私募产品和管理约 106 亿元资产而遥遥领先。同时,外贸信托所管理的产品类型也较为丰富,其中债券型产品 63 只、超过 20 只产品投向为定向增发,并有多款风险缓冲类型、TOT、MOM、量化套利等类型产品。随着各种多策略、多投向的私募基金产品的出现,如何在不断创新的市场中争夺更多的份额,行业的规范、创新产品及策略的开发与设立、营销方式的转变等因素都成为摆在私募基金以及信托公司面前的课题。

另一方面,我们发现,一些管理产品数量并不多的信托公司,他们所管理的资产规模却名列前茅。比如以 82.9 亿元管理规模排名第二的五矿信托,仅受托 12 只产品,其中债券型产品和股票型产品各占半壁江山。债券型产品的发行规模普遍较大,由北京艾亿新融资本管理有限公司担任投资顾问的"艾亿新融(五矿)"和"艾亿新融证券投资 18 号"在 2013 年上半年分别发行 35.1 亿元、20 亿元;天津民晟资产管理有限公司旗下的三只债券型产品发行规模也均超过 5 亿元。

图 4-5 信托公司存续私募产品数量排名前十

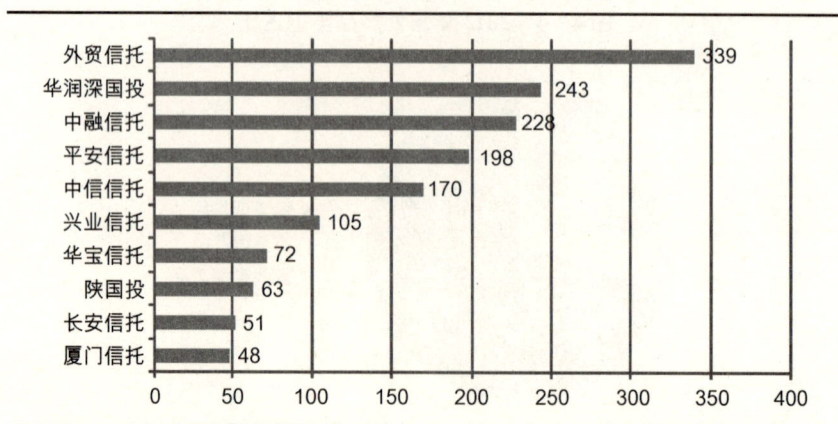

资料来源:德邦证券、Wind

4-6 信托公司存续私募产品规模排名前十

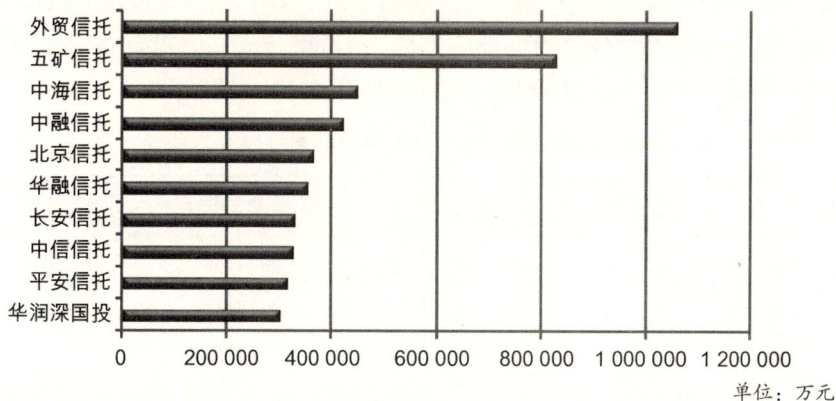

单位：万元

3. 投资顾问公司分布

据德邦证券私募研究小组不完全统计，2013年共有近50家投资顾问公司新加入阳光私募大军，共发行新品83只左右。现有的私募基金管理公司注册地分布如图4-7所示，作为中国的政治、经济中心，京津地区、长三角地区以及珠江三角洲地区一直都是各大金融机构总部的汇集地。私募基金作为重要的新兴金融参与主体，在近几年从数量和规模上也都有了长足的发展，有八成的投顾注册地分布在北京、上海、深圳这三个热门地区。同时，投资顾问公司的

图4-7 私募基金投资顾问注册地分布

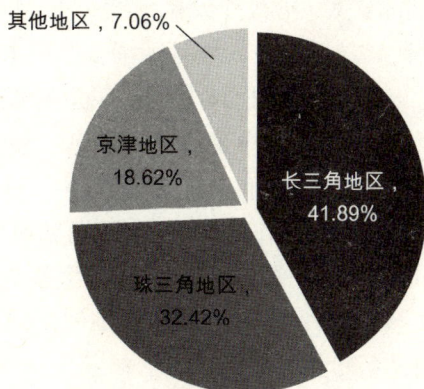

区域分布也得到进一步扩大,如表4-1所示,其他地区的投资顾问分布比例正处于逐年上升的态势,至2013年已接近5%。虽然2013年市场仍持续低迷,然而抵挡不住各地域的私募投顾创设的热情,在当年新成立的投资顾问公司中,有超过10%来自于其他地区,包括云南省、四川省、山东省等。

表4-1 2010—2013各年投资顾问公司地区分布比例

地区分布	2010年占比	2011年占比	2012年占比	2013年占比
长三角地区	40.96%	39.47%	40.11%	39.71%
珠三角地区	36.14%	34.87%	36.16%	37.75%
京津地区	21.69%	21.71%	19.77%	17.65%
其他地区	1.20%	3.95%	3.95%	4.90%
总计	100%	100%	100%	100%

数据来源:德邦证券、Wind
截止时间:2013年12月31日

二、2013年阳光私募业绩综述

追求绝对收益,这是阳光私募赖以生存的生命线,也是区分私募基金与公募基金业绩评价的重要标准之一。或许,依赖A股二级市场作为投资重地的阳光私募占比仍然很高,使得整体上私募基金追求"绝对收益"的道路阻碍重重。2013年,中国阳光私募的表现依然良莠不齐,差距明显。

1. 整体收益情况

回顾2013年,A股沪深300指数并没能延续2012年末的上涨行情,一路震荡下跌,在6月更创下15.6%的最大单月跌幅。但在个股方面,结构化行情表现出了极致。截至2013年12月31日,上证指数跌6.75%,深成指跌10.91%,沪深300指数跌7.65%,中证500上涨16.89%,中小板指数上涨17.54%。创业板指与大盘形成鲜明对比,独自狂舞,累计涨幅达82.73%。

截至2013年12月31日,运作满一年的阳光私募基金年平均收益为11.4%,跑赢股票及偏股混合型公募基金(9.70%),大幅战胜指数(-7.65%),中国阳光私募迎来了丰收的一年。其中,管理型阳光私募基金平均收益率为12.02%,超越结构化阳光私募的平均收益率6.7%。

图 4-8　各时段阳光私募基金平均收益与沪深 300 指数收益比较

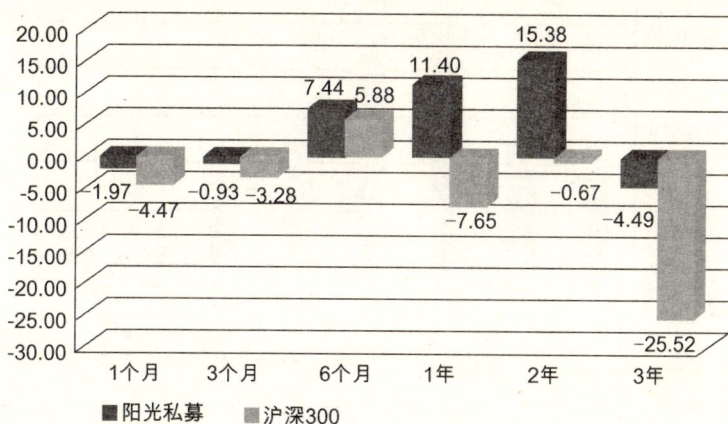

资料来源：德邦证券、Wind
截止时间：2013 年 12 月 31 日

　　综合观察各个时段阳光私募与指数的收益比较，中短期内私募业绩优势并不明显，与指数表现差距不大。但在近一年、近两年的统计区间内都以正收益超越指数，实现了阳光私募追求绝对收益的目标。在三年的考察期内，沪深 300 指数下跌逾 25％，阳光私募也仅以小幅下跌报收。

　　2013 年，运作满一年并获得正收益的私募基金共 1117 只，占比 76.4％；同时，89.2％的产品业绩超越沪深 300 指数年收益率（-7.65％）。图 4-9 为 2013 年阳光私募业绩分布，超过一半的私募基金业绩分布在 0％至 20％之间，还有 8％的私募基金亏损超过 10％，令投资者遭受较大的本金损失。此外，有 12 只产品收益超过 2013 年累计收益率排名首位的公募基金（80.38％），成为本年度业绩的佼佼者。

　　在更长时间内考察阳光私募的业绩表现，虽然 2012—2013 年 A 股市场表现并不理想，但阳光私募似乎并未受影响，两年期内的业绩分布呈正偏态，近八成的产品取得正收益，接近 20％的产品取得了超越 30％的高额收益，给出了一份令人满意的答卷。考察期间再放长，运作满三年的私募基金产品中有 44.36％取得正收益，同期股票型及偏股混合型公募基金仅有 20.22％的产品取得正收益。相比较而言，阳光私募基金显示出了较好的中长期获取绝对收益的能力。

图 4 - 9　2013 年阳光私募业绩分布

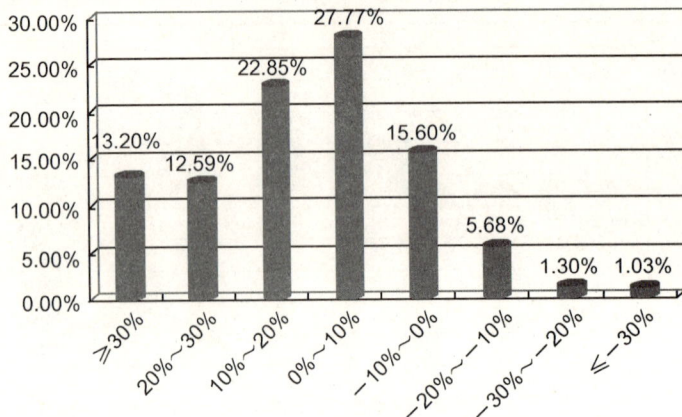

资料来源：德邦证券、Wind

截止时间：2013 年 12 月 31 日

图 4 - 10　近两年阳光私募业绩分布

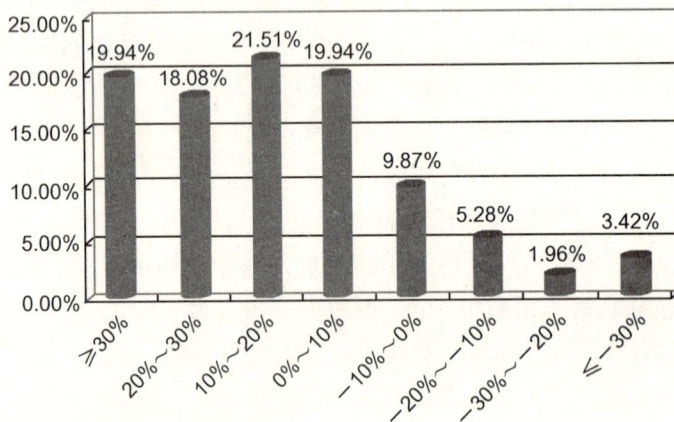

资料来源：德邦证券、Wind

截止时间：2013 年 12 月 31 日

2. 分类收益情况

以投资类型分类来看，股票型私募基金仍占据了绝对地位，共有超过 95% 的产品对准了股票市场。在这所有运作期满整年的股票型私募基金中，约 23% 的比例收益为负，排名首尾的收益差距高达 195.65%。

图 4－11　近三年阳光私募业绩分布

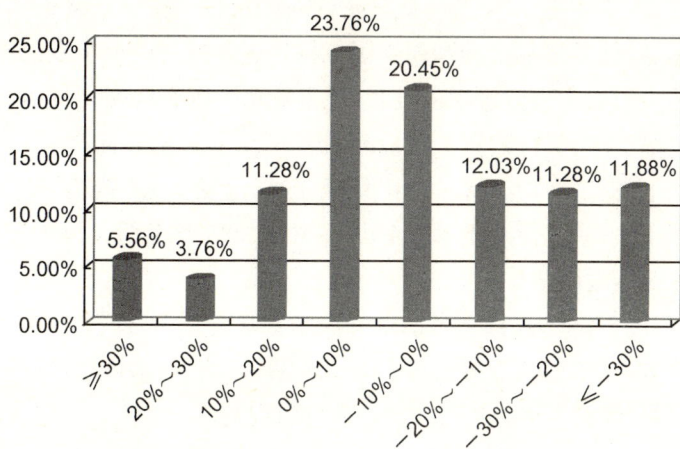

资料来源：德邦证券、Wind

截止时间：2013 年 12 月 31 日

图 4－12　2013 年股票型阳光私募业绩分布

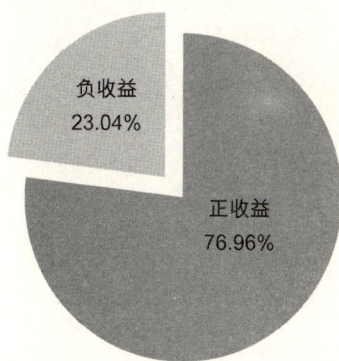

资料来源：德邦证券、Wind

　　除了传统的以 A 股市场投资为主的私募基金以外，已有越来越多的投资标的进入了私募投资顾问的视野，比如另一个传统市场——债券市场，以债券投资为主的私募产品数量已初具规模。

　　回顾 2013 年，债券市场经历了一场节奏分明、步履清晰的牛熊转换过程。在此期间，债券市场投资者可谓是尝尽冷暖。从年初到 4 月中旬，资金面、供需面共同推动债券收益率持续向下，债市呈现一波小阳春行情；从 4 月中旬至 6 月上旬，伴随一场突如其来的监管风暴席卷整个债市，债券二级市场一夜入秋，进而在资金面趋紧的背景下寒意渐浓。在 4 月份掀起的这场整肃风波中,债券一级半市场、代持、丙类户以及与此紧密联系的灰色利益输送链条,成为公众口诛笔伐的焦点,债券二级市场则蒙受了机构加速"去杠杆"所引发的疾风骤雨式调整。虽然最初的密集监管冲击过后,债市情绪一度有所恢复,但接下来,新增外汇占款大幅下降、央行续做央票令市场的资金面预期转向谨慎,债券收益率从此拐头向上、震荡加剧。从 6 月中旬至年底,遭受 6 月"钱荒"打击之后的债券市场一蹶不振,悲观预期笼罩整个市场,中长端收益率的大幅飙升,标志着债券市场正式踏上漫漫熊途。

据统计,2013 年运作满一年的债券型私募基金共 54 只,整体收益表现逊于股票型私募基金,平均收益率为 0.56%,离散度不大,收益区间相对平稳地集中在−10%—10%,其中约 65% 的产品取得正收益。

图 4‐13 2013 年债券型阳光私募业绩分布

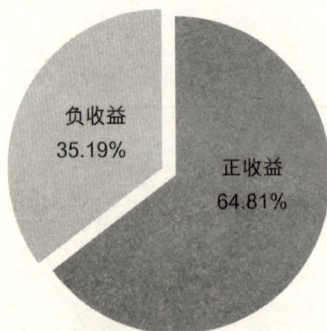

资料来源:德邦证券、Wind

3. 业内佼佼者

2013 年,共有 25.8% 的产品获得了超过 20% 的收益,且业绩排名前 30 的管理型阳光私募收益均超过了 50%(表 4‐2 为具体的排名情况)。由表中可以看出,又出现了不少新鲜的面孔,"冠军魔咒"依然持续。与 2012 年的榜单进行比较,收益排名前 30 的管理型阳光私募鲜有重合,仅"泽熙 3 期"唯一一只产品连续两年上榜。"城头变幻大王旗",似乎是私募圈业绩混战的最佳注脚。

回顾往年的每一届冠军,几乎都在下一年中从席位上跌落,表现乏善可陈。2009 年的冠军新价值投资在 2012 年败走麦城,旗下众多产品业绩垫底,一度濒临清盘线;2010 年的冠军世通资产旗下的 6 只产品均遭受重创,"世通 8 期"和"世通 9 期"两只产品被迫清盘;"呈瑞 1 期"2011 年取代"世通 1 期"成为年度冠军,且在 2012 年排名第三,但由于 2012 年的时候更换了基金经理,2013 年"呈瑞 1 期"12.44%的收益并没能让它跻身前列;"银帆 3 期"去年以 54.44%的收益折桂,但是今年随着银帆投资的核心人物王涛离职,使得产品失去了灵魂,今年银帆系列产品表现尚可,但与去年相比却大相径庭。

2013 年,在新一届政府"打造中国经济升级版"的号角声中,在改革与转型的逻辑下,新兴产业打败了传统行业。在主板弱市的背景下,创业板、中小板个股表现活跃,加上各种创新投资策略的应用,令这一年阳光私募产品中出现了不少黑马。

表 4-2 2013 年收益排名前三十的管理型阳光私募产品

产品简称	投资顾问简称	单位净值	净值日期	2013 年度收益(%)
创势翔 1 号	创势翔投资	1.83	2013/12/20	125.55
泽熙 3 期(山东)	泽熙投资	1.25	2013/12/31	108.89
鸿逸 1 号	鸿逸投资	0.97	2013/12/27	94.26
泽熙 3 期	泽熙投资	1.25	2013/12/31	90.22
龙鼎 3 号	龙鼎投资	133.44(初始净值 100)	2013/12/27	85.18
亿信财富 2 期	涌泉亿信投资	0.98	2013/12/20	80.59
梵基 1 号	梵基股权投资	1.41	2013/12/20	77.76
恒复趋势 1 号	恒复投资	1.32	2013/12/31	77.30
金河新价值成长 1 期	金河投资	0.77	2013/12/18	62.14
证研 1 期	证研投资	0.96	2013/12/31	61.21
聚富 2 号伞形分组 11	泽龙投资	1.57	2013/12/31	59.98
理成风景 2 号	理成资产	166.07(初始净值 100)	2013/12/31	58.98
沃胜 1 期	沃胜资产	124.99(初始净值 100)	2013/12/31	57.60
博颐稳健 1 期	博颐资产	160.95(初始净值 100)	2013/12/31	56.07
博颐精选 2 期	博颐资产	246.80(初始净值 100)	2013/12/31	55.08
鼎萨 1 期	鼎萨投资	1.57	2013/12/31	54.84
恒盈复利增长 1 号	恒盈投资	1.06	2013/12/31	54.53

续　表

产品简称	投资顾问简称	单位净值	净值日期	2013 年度收益（%）
菁英时代成长 1 号	菁英时代投资	1.71	2013/12/20	54.42
常春藤 3 期	常春藤资产	1.58	2013/12/31	54.32
博颐精选	博颐资产	254.17（初始净值 100）	2013/12/31	54.12
泽熙 4 期	泽熙资产	99.45（初始净值 100）	2013/12/31	53.53
博颐精选 3 期	博颐资产	177.87（初始净值 100）	2013/12/31	52.76
通用汇锦 1 号	通用投资	1.46	2013/12/31	52.08
世诚扬子 3 号	世诚投资	1.54	2013/12/27	51.98
博弘基金（A 类）	博弘数君	1.50	2013/12/31	51.30
冬泉谷 1 号	陕西冬泉谷投资	1.51	2013/12/31	50.84
朴道 1 期	朴道投资	1.30	2013/12/27	50.45
穿石 1 号	穿石投资	1.39	2013/12/27	50.06
盈峰成长 6 期	盈峰资本	1.51	2013/12/27	49.73
龙腾 9 期	龙腾资产	0.98	2013/12/31	48.64

数据来源：德邦证券、Wind
截止时间：2013 年 12 月 31 日

　　2012 年才推出首只产品"创势翔 1 号"的广州市创势翔投资有限公司，以黑马之姿夺得 2013 年"魁首"的宝座，该产品在 2013 年月度收益排行中多次雄踞前列。创业板一直被视为中国经济、股市持续增长的新亮点和新动力。在改革与调整结构的大势下，创业板更被寄予厚望。把握住了主流行情机会、重仓创业板被认为是"创势翔 1 号"今年能够取得成功的重要原因。

　　团队投资总监黄平据称是纯粹的民间派私募，既无券商也无基金从业经历。作为曾经的敢死队成员，黄平在个人炒股的时候偏向短线操作，风格激进。产品成立之初，黄平延续采用了个人投资时的短线思维，吃了不少苦头。随后作了调整，将敢死队模式、深度调研以及价值投资有效整合在一起，形成"创新型价值投资"模式。此后，黄平把大部分的时间花在了调研上，不断反思、总结，摸索出以价值投资与趋势投资并重，中长线为主、短线为辅的投资策略。团队通过扩充与整合后，在风险控制方面也取得了进步，每逢市场风险来临时，基本都能做到提前降低仓位,为高收益提供了后勤保障。

从"创势翔1号"的净值表现来看,产品成立初期的三个月内也经历了净值的大幅回撤,回撤幅度超过了20%。直到2013年伊始,该产品才逐渐进入状态,在沪深300指数一路震荡向下的背景下,同期"创势翔1号"的净值以强劲势头一直持续上涨,也改善了对回撤风险的把握和控制能力。

图4-14 "创势翔1号"净值走势

资料来源:德邦证券、Wind

由私募大佬领衔的泽熙投资在2013年可谓"最赚钱",旗下五只产品平均业绩65.95%,收益最高的"泽熙3期(山东)"和"泽熙3期"分别位列收益排行榜的第二和第四名。此外,难能可贵的是,泽熙投资连续多年业绩稳定增长、名列前茅。在近两年、近三年的累计收益率统计中,以上两只产品以惊人的数值稳居冠亚军宝座。

表4-3 泽熙投资旗下产品

产品简称	成立时间	累计净值	净值时间	2013年收益(%)	2012—2013年收益(%)	2011—2013年收益(%)
泽熙3期	2010/07/07	2.6940	2013/12/31	90.22	139.05	105.75
泽熙4期	2010/07/07	199.4500 (初始净值100)	2013/12/31	53.53	63.41	53.55
泽熙5期	2010/07/30	228.1200 (初始净值100)	2013/12/31	39.21	60.87	80.78

续　表

产品简称	成立时间	累计净值	净值时间	2013年收益(%)	2012—2013年收益(%)	2011—2013年收益(%)
泽熙2期(山东)	2011/12/13	1.8983	2013/12/31	37.92	46.56	—
泽熙3期(山东)	2011/12/13	2.6792	2013/12/31	108.89	162.64	—
泽熙1期(华润)	2013/02/25	3.0326	2013/12/24	—	—	—
泽熙增煦	2013/09/11	1.3760	2013/12/31	—	—	—

数据来源:德邦证券、Wind

截止时间:2013年12月31日

此外,"鸿逸1号"以94.26％的收益率排名2013年收益率榜眼之位。这只产品是上海鸿逸投资管理有限公司旗下唯一一只阳光私募产品,2010年12月成立以来净值持续下滑,直至2012年11月最低点时,净值累计损失58％,随后,在2012年年底行情中以及2013年下半年,净值都经历了爆发性增长。截至2013年12月27日,"鸿逸1号"净值为0.9709,虽然还没完全回本,但较最低点已上涨了130.5％。

作为中国私募基金行业的老牌劲旅,博颐资产厚积而薄发,今年旗下的所有四只产品都排在收益榜前三十位,每只产品均在屡创新高的态势下获得了超过50％的年收益率,体现了博颐资产在2013年较强的行业配置及选股能力,并在风险控制方面表现优秀。

该四只产品都成立于2008年和2009年,最晚成立的"博颐稳健1期"距今也已运作满四年有余。在长达5年的漫漫熊市中,这些产品均取得了正收益,"沧海横流方显英雄本色",在时间的长河中、在起起伏伏的中国股市中备受考验,大浪淘沙之下显示了超强的投资管理能力,值得投资人长期信任。此外,博颐资产旗下产品收益率差异很小。这应该与公司管理团队的稳定性和连续性较强有关,投研灵魂人物基本多年来都没有发生变动。核心人物徐大成虽然在业内有一定的知名度,但与那些频频曝光于媒体的明星基金经理相比,显得低调。他属于结合基本面的交易型选手,坚持基本分析加上组合管理,累积利润,保持资产净值长期、稳定增长。

表4-4　博颐资产旗下产品

产品简称	成立时间	累计净值	净值时间	2013年收益（%）	2012—2013年收益（%）	2011—2013年收益（%）
博颐精选	2008/02/05	2.5417	2013/12/31	54.12	57.62	34.50
博颐精选2期	2008/10/21	2.4680	2013/12/31	55.08	57.92	33.10
博颐精选3期	2009/07/09	1.7787	2013/12/31	52.76	56.03	33.05
博颐稳健1期	2009/09/30	1.6095	2013/12/31	56.07	59.20	35.07

数据来源：德邦证券、Wind
截止时间：2012年12月31日

图4-15　"博颐精选"自成立以来净值走势

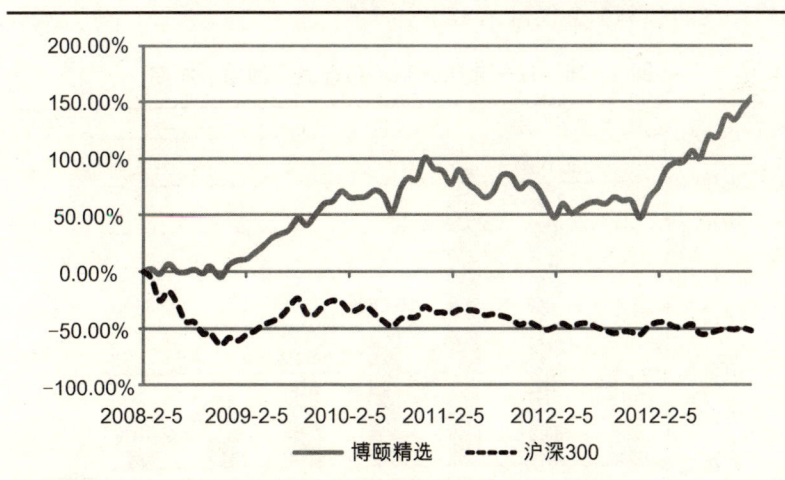

资料来源：德邦证券、Wind

三、2013年阳光私募风险指标综述

　　2013年，A股年线收阴，对于阳光私募基金来说，可谓又是一个难熬的年份。虽市场的变幻莫测设置了重重障碍，但经历了几年艰苦日子的阳光私募，已深深领悟了风险控制的重要性，也渐渐掌握和熟练运用了其中的技能。2013年阳光私募平均下行回撤幅度以及综合风险指标均比去年有所提高。

1. 下行风险控制

下行风险主要考量在选定的周期内,任一历史时点往后推,产品净值走到最低点时的收益率回撤幅度的最大值。关注私募基金的最大回撤率可以帮助投资者了解该基金风险控制能力和知道自己面临的最大亏损幅度。

阳光私募基金以获取绝对收益为目标,力求为客户的资产保值增值,因此,下行最大回撤幅度的控制对于净值的稳定增长是非常重要的。在前四个年度报告中,我们分别对阳光私募基金各统计区间内的最大回撤进行统计分析,在近一年、二年、三年的统计中,绝大多数私募基金的回撤幅度集中在10%至30%之间,仅有5%左右的产品最大回撤幅度在5%以内,这与私募基金追求绝对收益的主旨还是有一定背离。

虽然2013年股市在一半以上的月份中都出现了下跌,但2013年下行回撤较前几年仍有较大幅度的好转。如图4-16所示,虽然只有超过7%的产品将最大回撤控制在5%以内,比去年下降了10个百分点,但整体最大回撤分布向左偏移,共有超过62%的产品的最大回撤值集中于5%—15%区间,同时,30%以上回撤幅度的私募基金仅占2.18%。

图 4-16 近一年阳光私募基金最大回撤分布图

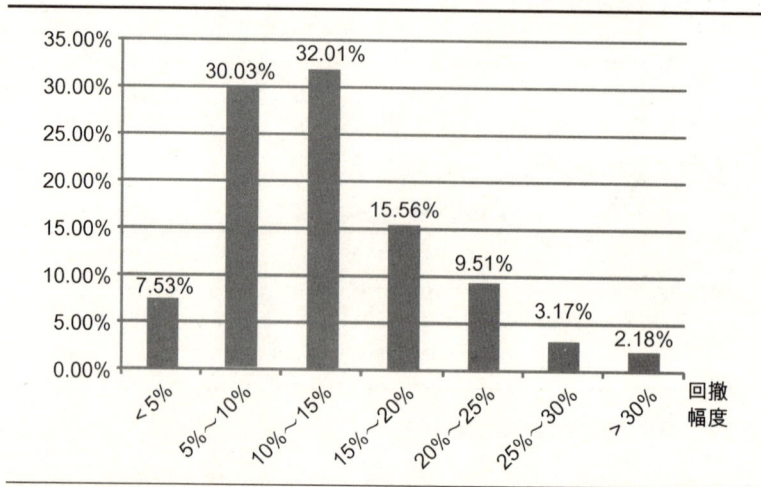

资料来源:德邦证券、Wind

纵观最大回撤幅度较小的私募基金,大部分都是多策略的私募基金,比如债券类、套利类、量化对冲类的产品。这类产品对于投资者来说,收益可能不是最高,但安全性有较大保障,对于风险厌恶类的投资者,不失为一种选择。

图 4 - 17 近两年阳光私募基金最大回撤分布图

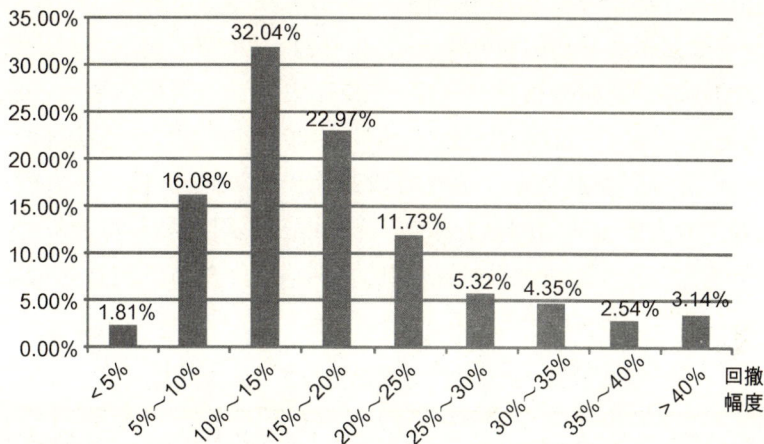

由于 2013 年的回撤表现有所改善，近两年和近三年的最大回撤都一致向好。近两年超过 50% 的产品下行回撤幅度在 10% 至 20% 之间，仅 1.81% 的产品回撤在 5% 以内。近三年近 50% 的产品回撤分布也在 15% 至 30% 区间内，仅 0.36% 的产品回撤幅度在 5% 以内，超过 6% 的产品最大回撤幅度超过 50%。

图 4 - 18 近三年阳光私募基金最大回撤分布图

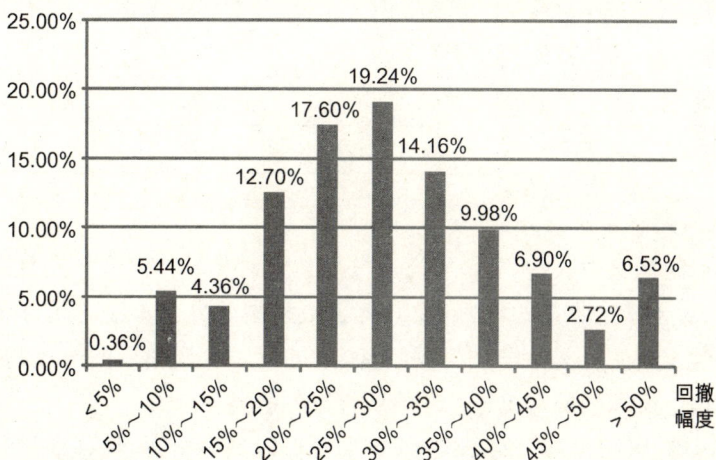

纵观 2011 年至 2013 年,能够在下行回撤指标上持续排名前列的私募基金,几乎被星石投资包揽。作为国内最大的阳光私募基金公司之一,北京星石投资管理有限公司旗下私募基金数量超过 30 只,并确立了追求绝对回报、做有中国特色的对冲基金的投资目标。但是,相比去年这一数据的统计,星石投资旗下产品的最大回撤幅度都有所上升,说明在 2013 年股市、债市震荡的大环境下,保守类产品也无可避免地在某一时段遭受损失。此外,信合东方资产旗下产品"信合东方有限合伙"和"信合东方"位列近三年阳光私募基金最大回撤排名冠亚军,而且与榜单上的其他产品相比,同时具备了优异的收益与风控能力,令人叹服。

表 4-5　近三年阳光私募基金最大回撤排名

产品简称	投顾简称	成立时间	近三年最大回撤幅度(%)	近三年度收益(%)
信合东方有限合伙	信合东方资产	2007/12/31	-2.42	71.81
信合东方	信合东方资产	2010/09/27	-2.62	61.75
星石 9 期	星石投资	2009/03/4	-5.11	8.13
星石 5 期	星石投资	2008/04/28	-5.27	7.58
星石 8 期	星石投资	2009/01/21	-5.61	7.19
星石 16 期	星石投资	2009/07/20	-5.65	6.90
星石 2 期	星石投资	2007/07/30	-5.68	7.35
星石 1 期	星石投资	2007/07/30	-5.69	7.12
星石 7 期	星石投资	2008/08/18	-5.71	7.35
星石 10 期	星石投资	2009/03/12	-5.72	6.39

2. 风险调整后收益分析

提到风险调整后收益,基金研究人员都会想到夏普。1966 年夏普提出夏普比率以来,对于基金收益的评判,我们有了更科学的分析方法。夏普比率是在均衡市场假定下的资本市场线为评判基准,进行风险调整后的绩效测度指标,反映投资组合所承担的每单位总风险所带来的收益。

图 4-19 为 2013 年公募基金(股票型与偏股型混合)与私募基金的夏普比率分布图,在统计样本中,共有 730 只(72.35%)私募基金和 530 只(69.83%)公募基金的夏普比率为正,私募基金以微弱优势获胜。然而,在夏普比率为正

值的分布区间内,私募基金的表现令人格外惊喜:超过六成的公募基金的夏普值集中在 0～0.2 区间内,而几乎只有个位数的产品取得大于 0.4 的夏普值;相反,私募基金的分布更为均匀,近一半的产品几乎等比例地分布在 0 到 1 夏普值范围内,同时约 28% 的产品的夏普比率大于 1。2013 年市场虽然长时间低迷,但结构性机会也层出不穷,相比而言,整体上阳光私募似乎更能抓住"绝地反击"机会,获取超越基准利率的收益,结合控制净值波动性风险,在夏普比率的表现上更胜一筹。

图 4-19 2013 年夏普比率分布图

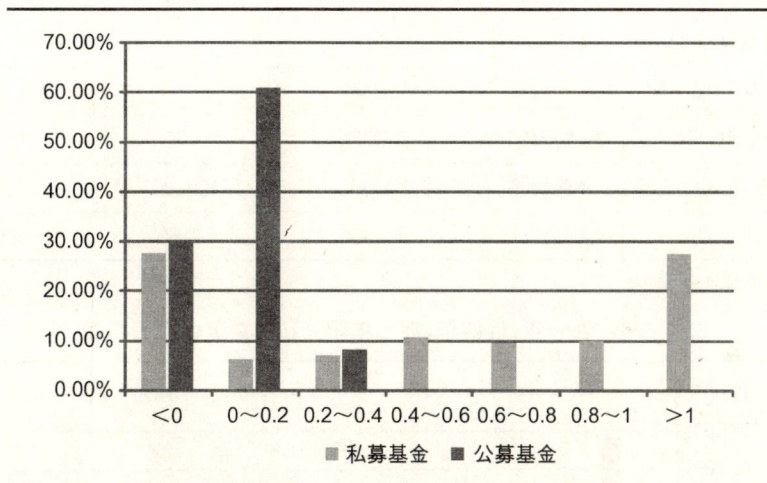

资料来源:德邦证券、Wind

2013 年夏普比率排名前列的私募基金可以分为两类,一类为高收益的私募基金,比如 2013 年收益冠军"创势翔 1 号"、亚军"泽熙 2 期(山东)"、博颐资产系列产品等;一类为低波动性的私募基金,比如债券型基金"季享红利 1 号"、"淘利套利 1 号"等。

表 4-6 2013 年夏普比率排名前列的私募基金

产品简称	投顾简称	2013 年夏普比率	2013 年收益	年化波动率
淘利套利 1 号	淘利资产	5.6159	18.17	2.7018
锝金 1 号	金锝资产	4.6854	22.41	4.1423
创势翔 1 号	创势翔资本	4.3787	125.55	27.9874
泽熙 4 期	泽熙资产	3.6386	53.53	13.8887

续　表

产品简称	投顾简称	2013 年夏普比率	2013 年收益	年化波动率
龙鼎 3 号	龙鼎投资	3.6282	85.18	22.6500
泽熙 2 期(山东)	泽熙投资	3.5325	37.92	9.8841
博颐稳健 1 期	博颐资产	3.4861	56.07	15.2218
博颐精选	博颐资产	3.4838	54.12	14.6726
通用汇锦 1 号	通用投资	3.4728	52.08	14.1326
博颐精选 2 期	博颐资产	3.3821	55.08	15.3999
博颐精选 3 期	博颐资产	3.3763	52.76	14.7369
礼一量化回报 1 期	礼一投资	3.3447	14.17	3.3409
季享红利 1 号	佑瑞持投资	3.2724	5.48	0.7570
泽熙 3 期(山东)	泽熙投资	3.0968	108.89	34.1939
沃胜 1 期	沃胜资产	3.0331	57.60	18.0004

数据来源:德邦证券、Wind

图 4-20　近一年、近两年、近三年阳光私募夏普比率分布图

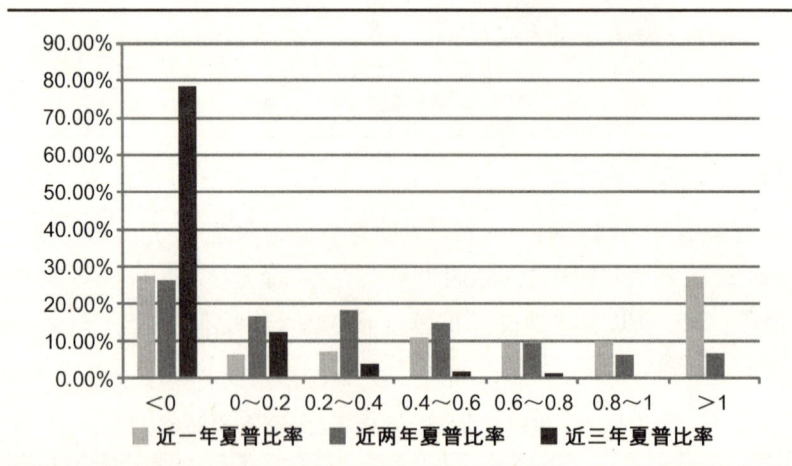

资料来源:德邦证券、Wind

对于追求绝对收益的阳光私募来说,alpha 指标是另一个有效的衡量基金资产组合投资绩效的指标。该指标是指基金的投资收益扣除基金资产风险(用 beta 值衡量)所对应的收益水平,又称超额收益(ER)或执行收益(Implementation Return),通常是评价基金经理或投资顾问公司的重要指标。

从图 4－21 中可以看出,考察时间越长,产品的 alpha 收益值分布越集中。超过 55％的产品在 2011 年至 2013 年获得 10％以内的正 alpha 收益,跑赢了相对指数。考察 2013 年度,超过 86％的私募基金取得正 alpha 收益,且在各个正区间内分布较均匀,同时,仅不超过 4％的产品的 alpha 收益低于－10％。

图 4－21　近一年、近两年、近三年阳光私募 alpha 收益分布图

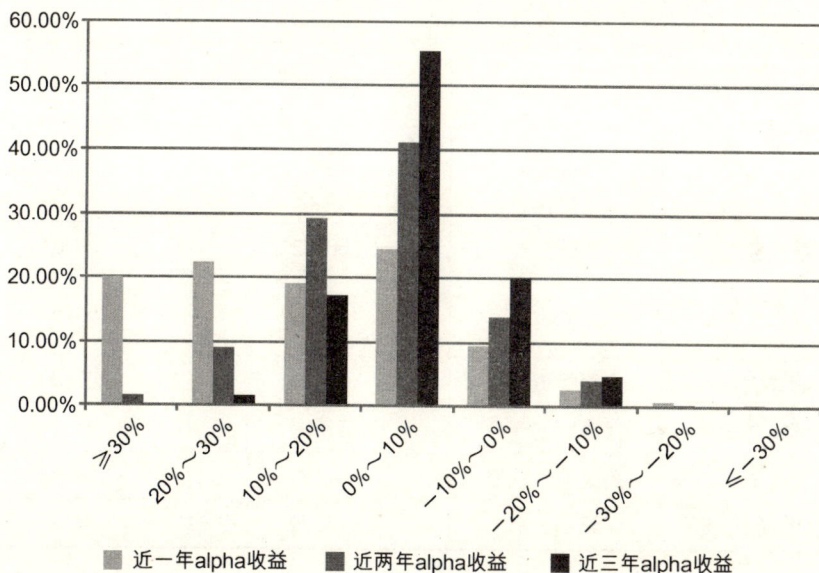

资料来源:德邦证券、Wind

表 4－7　2013 年阳光私募 alpha 收益排名前列的私募基金

产品简称	投顾简称	2013 年 alpha 收益	2013 年收益
创势翔 1 号	创势翔资本	125.72	125.55
泽熙 3 期(山东)	泽熙投资	115.94	108.89
鸿逸 1 号	鸿逸投资	100.14	94.26
泽熙 3 期	泽熙投资	96.92	90.22
龙鼎 3 号	龙鼎投资	90.45	85.18
恒复趋势 1 号	恒复投资	87.33	77.30
梵基 1 号	梵基股权投资	78.22	77.76
证研 1 期	证研投资	69.60	61.21

续　表

产品简称	投顾简称	2013 年 alpha 收益	2013 年收益
聚富 2 号 伞形分组 11	泽龙投资	66.83	59.98
理成风景 2 号	理成资产	66.60	58.98
博弘基金（A 类）	博弘数君	63.43	51.30
金河新价值 成长 1 期	金河投资	62.81	62.13
沃胜 1 期	沃胜资产	62.39	57.60
鼎萨 1 期	鼎萨投资	61.86	54.84
博颐稳健 1 期	博颐资产	58.62	56.07
恒盈复利 增长 1 号	恒盈投资	58.58	54.53
御峰 1 号	懋峰资产	58.11	46.29
博颐精选 2 期	博颐资产	57.80	55.08
菁英时代成长 1 号	菁英时代投资	57.78	54.42
博弘基金（C 类）	博弘数君	56.70	44.92

第五章

阳光私募多策略发展现状与展望

一、2013 年国内外对冲基金整体表现

2013 年全球资本市场变现不一,喜忧参半。全球股票市场整体上升幅度较大,主要受惠于发达国家市场和一部分前沿市场国家的股市表现:2013 年最令人惊喜的市场当属美国股市,整整一个年度,道琼斯指数 52 次刷新历史纪录,以 26.5% 的涨幅成为 1995 年以来表现最好的一年;标普 500 指数也 45 次刷新历史纪录,最终以 29.6% 的涨幅成为 1997 年以来表现最佳的一年;纳斯达克指数则以 38% 的年涨幅,成为 2009 年以来表现最佳的一年。同时,受超级量化宽松政策刺激,日本经济"令人意外"地强劲复苏,也正逐步走出 15 年来的通缩泥潭,日经指数也因此不断走高,全年上涨了 56.72%。在众多的发达国家市场中,仅澳大利亚和新加坡股票出现负回报。相比之下,中国沪深 300 指数以 −7.65% 跌幅报收,结构性市场表现明显。

另一方面,全球债券市场的回报则不理想。全球债券市场整体回报为 −2.60%,其中美国债券市场整体回报为 −2.02%;新兴市场债券表现更差,回报为 −5.25%;债券市场中表现最好的类别是高收益债,全球高收益债的整体回报达 7.33%。

2013 年最令人"跌破眼镜"的资产,非黄金莫属。2001 年—2012 年间,黄金以超过 50% 的年平均涨幅一路高歌猛进。作为抵御通胀的避险资产,2011 年 9 月,美国债务上限和财政悬崖问题曾一度将黄金价格推升至每盎司 1900 美元的历史纪录上。2013 年出现逆转,当年 4 月,塞浦路斯央行抛售黄金储

备的消息令金价在一天之内跌去了 9%,而美联储退出 QE 的消息更是不断打压着黄金价格,令金价 2013 年度跌幅高达 28%,其跌幅也创下 30 年来新高。

1. 专注中国市场的海外对冲基金

2013 年,在全球对冲基金范围内,亚洲区域的对冲基金显得特别出色。据全球最大的专业基金研究机构 Eurekahedge 数据统计显示,2013 年,亚洲对冲基金指数上涨 15.99%,超过 Eurekahedge 全球对冲基金指数约 8 个百分点,同时也是继 2012 年之后连续第二年超过了欧美同业的表现。

表 5-1 2013 年各类 Eurekahedge 指数收益表现

指数名称	2013 年收益率	年化回报率
Eurekahedge 对冲基金指数	8.01	9.72
Eurekahedge 亚洲对冲基金指数	15.99	8.82
Eurekahedge 北美对冲基金指数	10.06	10.55
Eurekahedge 欧洲对冲基金指数	8.73	8.17
Eurekahedge 新兴市场对冲基金指数	6.14	13.17
Eurekahedge 拉丁美洲对冲基金指数	1.83	14.54

尽管,2013 年沪深 300 指数跌 7.65%,恒生中国企业指数(HSCEI)跌 5.4%,成为亚洲市场表现最糟糕的股指,然而多家专注于投资中国的对冲基金获得了良好的收益,业绩大幅超越基准指数。两者形成的鲜明对照,主要与这类对冲基金实施股票多空策略有关,同时从多头仓位的股价上涨和空头仓位的股价下跌中获利,因此与基准指数的关系并不密切。

2013 年,中国在新一代领导班子的带领下,正步入新一轮的改革计划,短期内将对中国股票市场有较明显的结构性影响。灵活的对冲基金更善于挖掘市场上的潜力行业与领头股,比如替代能源、互联网、高科技、环境保护等所谓的新经济,而回避受到影响的国有企业权重股,从而换得不菲的收益。以下列举了两家具有中国背景的对冲基金管理公司。

景林资产管理公司(Greenwoods Asset Management):

景林资产管理公司(以下简称"景林资产")的创始人蒋锦志及团队,自 2001 年开始就在全球资本市场投资中国股票,十多年间,几乎涉足了国际资本市场上所有的"中国概念",包括 A 股、B 股、H 股、红筹股以及新加坡 S 股、美国

ADRs 等海内外上市的中国股票。目前景林资产旗下管理着"金色中国基金"、"金色中国加强基金"、"中国阿尔法基金"三只面向海外投资者的对冲基金,总规模已经超过 7 亿 4 千万美元。

景林资产对基本面的调研极为苛刻,常常采取类似于私募股权投资的方法,综合运用自下而上和自上而下的研究,致力于发掘那些有"两高一低"特征的公司:即行业门槛高,增长潜力高、估值低(有吸引力)的公司。在选中目标公司后,即启动"360 度全方位调查"系统,利用其在业内的各种资源作尽职调查,深入分析目标公司,以确保能全面了解目标公司的业务、优劣态势、财务报表的质量、投资风险和管理层的品格及能力。在此基础上,景林还建立了由不同行业专家组成的研究团队,对于行业和宏观经济的各种变化更为敏感。

凭借独到的调研体系、长期的经验和专业的资产管理能力,景林资产给投资人创造了丰厚的长期回报。根据 EurekaHedge 统计,2012 年大中华对冲基金业绩排名中,景林资产旗下的三只对冲基金的排名都位居前列(第 1、4 和 11 名),"金色中国加强基金"以 84.19% 的年回报名列第一,超出第二名达 26.5% 之多;而在三亿美元规模以上的基金中,"金色中国基金"业绩名列第一。2013 年,"中国阿尔法基金"扣除费用后的年回报率为 24.57%。

淡水泉投资(Springs Capital):

淡水泉(北京)投资管理有限公司(以下简称"淡水泉")于 2007 年成立,主要成员为一批拥有丰富的资产管理经验的专业人士。淡水泉成立之初即布局海外,发起设立了淡水泉海外对冲基金,成为目前国内少数几家同时管理国内和海外产品的私募基金公司之一。淡水泉信仰"逆向投资",针对表现落后的个股进行投资,投资方法主要是建立在估值基础上的左侧交易,是一种埋伏的策略。这种理念和策略使得淡水泉常常可以在市场出现转机时表现出色。当然,淡水泉高仓位、左侧交易的风格也会使其净值在一定时间内承受市场下跌所带来的波动。

2013 年,淡水泉旗下规模为 1 亿多美元的"中国机会基金"表现强劲,扣除费用后的年回报率为 36%。科技、机械和医疗保健行业的股票是推动该基金上涨的主要动力,但该基金持有的中国地产股表现落后。

对冲基金在中国市场的强劲表现提振了亚洲对冲基金行业的发展。Eurekahedge 数据显示,2013 年亚洲对冲基金业管理的总资产增加 206 亿美元,令总规模达到 1 470 亿美元,由 1333 只对冲基金分别管理。其中专注中国投资的对冲基金的资金净流入高达 12 亿美元,相比之下,专注日本投资的对冲基金则是资金净流出 3.23 亿美元。

中国市场正以其经济增长潜力、良好的投资回报及持续健全的金融市场,展现着自身的吸引力,刚刚步入发展期的初始。一些对冲基金希望借助全球股票市场来把握专注中国的投资主题,一些对冲基金在探索投资中国国内市场的途径。随着中国政府为进一步开发国内市场而逐渐引入更多种类的金融工具,中国市场将涌现更多机会。

2. 2013 年全球对冲基金整体业绩表现

表 5-2　2006—2013 年海外对冲基金各策略收益一览表

	2006 年	2007 年	2008 年	2009 年	2010 年	2011 年	2012 年	2013 年	年化收益率
事件驱动	18.28%	10.73%	−21.15%	38.83%	15.18%	−3.98%	8.92%	11.19%	9.05%
多策略	16.94%	15.08%	−9.47%	20.86%	9.35%	−1.71%	7.57%	7.02%	8.02%
困境证券	16.93%	9.86%	−24.87%	35.26%	22.81%	−0.05%	14.78%	17.03%	10.06%
股票多空	15.13%	14.55%	−19.17%	25.35%	10.6%	−6.36%	8.13%	14.97%	7.90%
相对价值	13%	12.68%	−7.95%	22.77%	13.48%	−0.78%	10.69%	5.01%	8.34%
套利	11.42%	8.87%	−8.4%	24.03%	9.57%	1.16%	6.55%	6.46%	6.96%
CTA/管理期货	10.46%	15.31%	19.46%	6.11%	13.48%	1.73%	1.8%	−0.78%	8.00%
宏观策略	10.04%	14.39%	2.83%	15.44%	7.82%	−0.5%	3.1%	2.05%	6.82%
固定收益	8.9%	4.8%	−12%	23.59%	12.22%	1.59%	11.04%	8.08%	6.63%

资料来源:德邦证券、Eurekahedge

根据 Eurekahedge 的分类统计,在 9 种对冲基金分类策略中,除 CTA/管理期货之外,其余策略收益平均值均为正值,略差于 2012 年的表现。以 Eurekahedge 对冲基金指数为基准,仅四种策略跑赢了指数(8.01%)。

2013 年表现最好的策略是困境证券、股票多空和事件驱动,分别上涨 17.03%、14.97%、11.19%,这三种策略与证券市场均具有较高的相关性。其中,困境证券是继 2012 年之后,连续第二年拔得头筹。事实上,当投资市场或标的出现剧烈波动时,该策略就有了巨大的收益成长空间。从历史长河来看,自 2006 年至 2013 年的八年时间内,各类策略的年化收益率差距较小,均能获得 6.6% 以上的收益率。相对排名第一的仍为困境证券策略,这主要与这期间出现了 2008 年金融危机以及之后带来的一系列发酵事件相关,令全球证券市场剧烈波动,也机会重重。然而,困境证券也是表现最为波动的策略之一,在 2008 年取得最差年收益-24.87% 之后,2009 年即以 35.26% 的超高收益漂亮地打了翻身仗,两者之间相差约 60%。

图 5-1　不同策略的海外对冲基金业绩对比图(2012—2013 年)

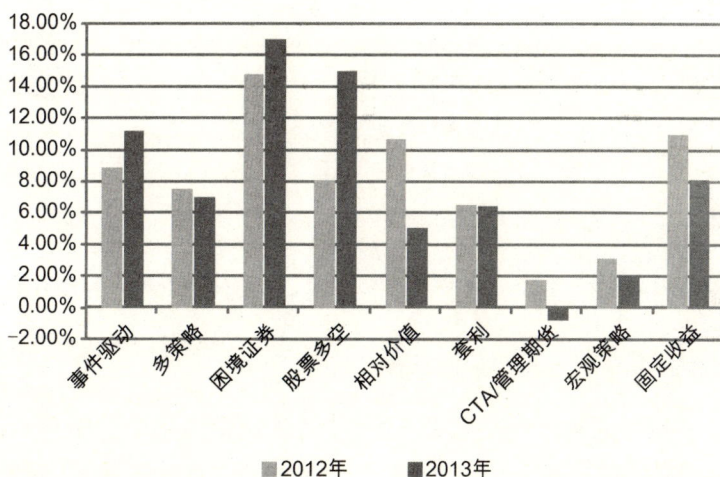

资料来源:德邦证券、Eurekahedge

3. 2013 年我国对冲基金整体表现

多年来保持经济高速增长的中国,不得不面对经济增长中的长期性、结构性的问题。资本市场也在投资者的担忧中风雨飘摇。2013 年,大盘连续第四年下跌,在全球并不多见;债市在经历年初短暂小阳春后,意外降临的债市整顿风暴、流动性收紧等一系列事件,令债券收益率节节攀高。

国内对冲基金在前进的道路上又踏实地跨过了一年,在这一年中也出现了许多新策略的尝试。在所有存续期产品中,按照我们的中国对冲基金策略分类(如图 5-2 所示),采用"股票对冲"大类中的"股票偏多策略"的对冲基金数量仍占据无可抗衡之地位,然而,中性策略、定向增发、固定收益套利、CTA、全球宏观等策略分类上的产品数量也已经初具规模。

图 5-2　德邦证券中国对冲基金分类

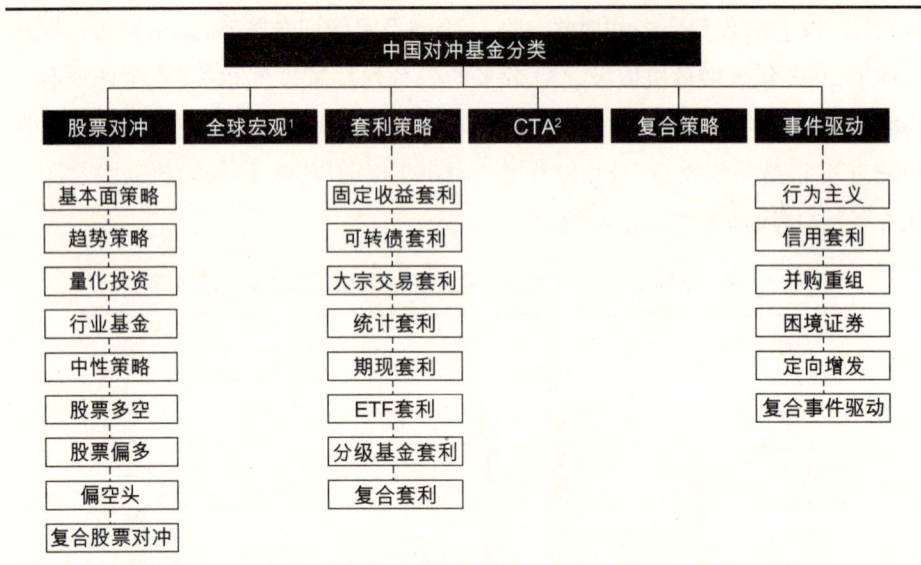

注 1：全球宏观策略通常涉及贵金属、大宗商品、外汇交易、股票、期货等跨市场、跨时间、跨区域的
　　　投资标的。
注 2：CTA 指商品交易顾问（Commodity Trading Advisors）。

　　2013 年，按不同策略的年收益来看①，仍然延续着各个策略该有的特性。比如，套利策略的对冲基金具有"低波动、稳定收益"的特征；CTA 策略的私募业绩分化最为严重，在 2013 年的收益表现中，既有产品赢得超过 6 倍的净值增长，亦有产品出现 90% 的亏损。

　　正如我们所期待的，2013 年阳光私募基金继续在各类策略上开拓实践，甚至出现了一些以"专注于某一特定策略"为标牌的资产管理公司。以下我们将就各大类策略在这一年内的发展状况作详细描述。

二、各大类策略发展状况

　　2013 年，可谓我国对冲基金快速发展的一年。过去阳光私募主要是通过信

---

　　①　由于中国对冲基金不同策略产品的数量差距明显，且数据库不能保证其完整性，因此收益高低并不能完全反映各种策略的优劣。

托公司发行产品,投资范围比较窄,不能投机股指期货和商品期货。而过去一年,越来越多的私募公司通过公募基金专户、公募基金子公司、券商资产管理等来发行产品,这些平台在投资范围上支持金融和商品期货。这样一来,很多对冲策略就可以顺利实施。在众多对冲策略中,市场中性策略是与传统股票型基金最接近的一种策略。基金经理通过在持有股票的同时做空沪深 300 股指期货来获取选股带来的超额收益。不少基金公司都在 2013 年发行了市场中性策略的对冲基金。由于 2013 年上半年市场的结构性行情较为突出,新兴产业大幅跑赢沪深 300,为一些市场中性策略带来了较高的回报。同时,银行等发行渠道对这类产品也是十分追捧,很多市场中性策略的基金单只发行规模超过十亿,让股票型基金管理人望尘莫及。市场中性是一种常用的对冲策略,在国内市场上搅起一池春水,相比而言,其他对冲策略如宏观对冲、事件驱动等或受制于环境,或受限于技术,发展较慢。

投资策略方面,如果说 2012 年是创新策略的萌芽期,那 2013 年就是创新类策略的绽放期。随着对冲工具的增多,市场中性策略、宏观对冲策略、CTA 策略等多种投资策略百花齐放。另外,事件驱动基金(如定向增发等)与 CTA 基金的比例较去年也明显增加。

震荡下跌、结构化行情是 2013 年 A 股市场的宏观概括,上证指数较年初略有下跌,但翻倍牛股却层出不穷。部分投资策略的对冲基金在这种震荡市里如鱼得水。例如利用沪深 300 股指期货来对冲掉系统风险,选取具备超额收益股票的市场中性对冲基金;亦或是跳出 A 股大行情不佳,投资期货市场的管理期货对冲基金;或是利用投资标的多元化,在不同市场寻找投资机会的宏观对冲基金,都在上证指数震荡微跌的 2013 年为投资者创造了丰厚的绝对收益。

1. 股票对冲策略

顺应市场需求,具备"稳中求胜"特征的股票中性策略基金,受到市场追捧。大部分股票中性策略的对冲基金采取市值对冲的策略,能充分对冲掉大部分的系统性风险,尤其适合 2013 年整体的结构化行情,属于稳健、保守类的中低风险对冲基金,年化收益通常在 8% 至 15% 左右,适合风险厌恶者。这种策略基金在发行市场上也异常火爆,有的单只基金规模甚至超过 10 亿元。

表5-3 部分国内股票中性策略对冲基金

投资顾问	产品简称	投资经理	产品类型	成立日期	2013 年收益率（%）	成立以来累计收益（%）[1]
金锝资产	锝金一号	任思泓	有限合伙	2012/05/25	22.41	32.36
民森投资	民晟 B 号	蔡明	非结构化	2011/03/30	20.49	22.15
	民晟 C 号	蔡明	非结构化	2011/03/30	18.24	19.81
	民晟 A 号	蔡明	非结构化	2011/03/30	16.79	18.41
朱雀投资	朱雀阿尔法 1 号	李华轮	公募专户	2012/11/14	18.73	21.10
	朱雀丁远指数	梁跃军	非结构化	2011/04/15	12.89	19.11
礼一投资	礼一两克子量化回报 1 期	林伟健	非结构化	2012/02/13	14.02	18.49
宁聚投资	宁聚爬山虎 1 期	谢叶强、葛鹏	非结构化	2012/07/23	10.96	12.07
	宁聚映山红	谢叶强、葛鹏	结构化	2012/07/25	10.50	11.60
倚天阁投资	信合东方有限合伙	唐伟晔	有限合伙	2007/12/31	11.00	348.00
	信合东方	唐伟晔	非结构化	2010/09/27	7.71	72.62
翼虎投资	翼虎量化对冲（创富 1 号）	余定恒	非结构化	2012/09/25	9.71	8.61
盈融达	盈融达量化对冲 1 期	曹湘军	非结构化	2012/12/20	8.83	8.83
申毅投资	申毅对冲 1 号	申毅	非结构化	2012/06/15	5.75	7.86
尊道投资	尊道阶梯 Alpha 策略基金	王丹	有限合伙	2012/12/28	5.61	5.61

续　表

投资顾问	产品简称	投资经理	产品类型	成立日期	2013 年收益率（%）	成立以来累计收益（%）¹
申毅投资	申毅量化对冲 2 号	申毅	非结构化	2012/12/24	5.33	5.33
	申毅精选 A 号	申毅	TOT	2012/12/24	5.31	5.31
尊嘉资产	尊嘉 ALPHA 尊享 I 期	宋炳山	TOT	2012/07/20	4.36	7.49
	尊嘉 ALPHA	宋炳山	非结构化	2011/04/21	4.06	17.59
	尊嘉 ALPHA 尊享 H 期	宋炳山	TOT	2012/07/20	4.36	7.49
	尊嘉 ALPHA 尊享 F 期	宋炳山	TOT	2012/07/20	4.36	7.49
	尊嘉 ALPHA 尊享 G 期	宋炳山	TOT	2012/07/20	4.36	7.49
	尊嘉 ALPHA 尊享 B 期	宋炳山	TOT	2012/06/15	4.36	7.49
	尊嘉 ALPHA 尊享 E 期	宋炳山	TOT	2012/06/15	4.36	7.49
	尊嘉 ALPHA 尊享 C 期	宋炳山	TOT	2012/06/15	4.36	7.49
	尊嘉 ALPHA 尊享 A 期	宋炳山	TOT	2012/06/15	4.36	7.49
	尊嘉 ALPHA 尊享 D 期	宋炳山	TOT	2012/06/15	4.36	7.49
杉杉青骓	青骓量化对冲 1 期	郭强	非结构化	2012/04/06	1.65	6.73
	青骓 2 期	郭强刘磊	非结构化	2012/12/31	0.50	0.50
天马资产	天马中性策略一期	康晓阳	非结构化	2012/07/06	-4.42	-4.42

资料来源：德邦证券、Wind
注 1：数据截至 2013 年末。

　　据不完全统计,2013 年全年运行的 30 只股票中性策略基金平均整体收益为 8.18%,同期沪深 300 指数下跌 7.65%,远远跑赢大盘。获得正收益的产品高达 29 只,占比高达 96.7%,其中收益超 10%的产品有 10 只,出现亏损的产品仅 1 只,亏损不超过 5%。该策略所有的产品均跑赢大盘,排名首尾的产品收益相差 26.83%。简而言之,该策略的基金主要持有"股票＋股指期货"组合,收益率高低的差别主要来源于股票的选择上,即获取阿尔法收益的能力。在结构化的行情中,那些具备挑选超额收益能力的私募基金,往往在反复震荡或震荡微跌的市场中能斩获不菲的利润。不同的私募选取具备超额收益股票的方式不同,纯量化型的市场中性产品,大多会选 40—50 只股票,每只股票的权重不超过总投资金额的 3%;还有一类的市场中性产品是主动选股,股票池数量不定,但是通常不会超过 20 只,其投资理念是通过精确掌握个股的讯息,挑选出未来财务状况优质、能战胜市场的上市公司。

　　金锝资产旗下"锝金一号"以 22.41%的收益勇夺冠军。该产品主要是通过做多流动性较好的大盘股票,同时通过股指期货 100%对冲掉市场的系统性风险获利。金锝资产实行全自动化管理,从选股、交易、对冲和风险控制,每一步都完全由计算机系统实现。一切投资决策和执行由模型产生,不对市场趋势进行任何人为判断。所有人员也只负责投资模型和系统的研发,不参与日常运行。因此,该产品业绩波动十分微弱,2013 年以来月度最大回撤仅 1.57%。

　　民森投资 2013 年整体表现出色。旗下产品"民晟 B 号"凭借最后一个月的超常发挥最终以 20.49%的收益跃升第二;同时,"民晟 C 号"和"民晟 A 号"分别以 18.24%、16.79%的收益位列第四、第五名。以上三只产品同时成立于 2011 年 3 月 30 日,在运行 33 个月的周期内,均获得了 18%—23%的累计收益,业绩基本保持一致。民森投资主要根据自主研发的 MS 多因素量化系统进行选股,其中,多因素包含估值、盈利、成长、动量、波动以及风格等因子。公司通过买入适当组合的一揽子股票,同时卖空股指期货或融券卖出来实现市场中性策略,从而获取长期稳定的绝对回报。对于合约价值过大造成不完全对冲而导致的风险敞口,基金主要通过检测敞口规模,以及计算、修正每日对冲比例来进一步调整现货、期货头寸,达到风险可控。

　　朱雀投资旗下的"朱雀阿尔法 1 号"以 18.73%的收益紧随其后。朱雀投资旗下第一只发行的中性策略产品"朱雀丁远指数"亦有不错表现,2013 年收益为

12.89％，位列第七名。2013 年，上海朱雀投资发展中心(有限合伙)开始在股票中性策略产品上发力，当年共发行了 17 只该类策略产品(包含 10 只 TOT 产品)。最初，"朱雀丁远指数中性基金"的投资策略设定为：70％买股票，选择 50 家上市公司均匀分配；12.5％资金在股指期货上卖空做保值，由于股指期货有 5 倍的杠杆，因此就可以基本对冲掉股票指数波动的风险；还有 12.5％的资金作为预备保证金留在场外对应股指异常上涨；最后 5％的资金用作基金的维护费。在这些比例确定之后，就不作任何调整。

表 5-4　上海朱雀投资发展中心(有限合伙)2013 年发行的股票中性策略产品

产品简称	投资经理	产品类型	成立日期
朱雀投资阿尔法 2 号	梁跃军	非结构化	2013/05/10
朱雀阿尔法 3 号	梁跃军	非结构化	2013/06/28
朱雀阿尔法 5 号	李华轮	公募专户	2013/07/22
朱雀漂亮阿尔法	李华轮	非结构化	2013/09/03
朱雀漂亮阿尔法尊享 A 期	李华轮	TOT	2013/09/03
朱雀漂亮阿尔法尊享 B 期	李华轮	TOT	2013/09/03
朱雀漂亮阿尔法尊享 C 期	李华轮	TOT	2013/09/03
朱雀漂亮阿尔法尊享 D 期	李华轮	TOT	2013/09/03
朱雀漂亮阿尔法尊享 E 期	李华轮	TOT	2013/09/03
朱雀漂亮阿尔法尊享 F 期	李华轮	TOT	2013/09/03
朱雀漂亮阿尔法尊享 G 期	李华轮	TOT	2013/09/03
朱雀漂亮阿尔法尊享 H 期	李华轮	TOT	2013/09/03
朱雀漂亮阿尔法尊享 I 期	李华轮	TOT	2013/09/03
朱雀漂亮阿尔法尊享 J 期	李华轮	TOT	2013/09/03
朱雀阿尔法 7 号	李华轮 梁跃军	非结构化	2013/09/13
朱雀阿尔法 7 号专享 1 期	李华轮 梁跃军	非结构化	2013/09/12
朱雀阿尔法 8 号	李华轮	公募专户	2013/09/23

资料来源：德邦证券、Wind

目前中国的经济处于调结构、去杠杆的时期,预计明年的经济增长目标不会超过今年,甚至还有些许的下降,但是经济结构会得到优化,资源会得到更合理的配置。在治理经济结构的大背景下,A股市场明年单边走牛或许是小概率事件,结构化的行情可能还会延续,在这样的预期下,市场中性的对冲基金依旧值得投资者关注,将会成为投资者资产配置中的又一重要类别,与固定收益信托和银行理财产品对抗。

2. 全球宏观

宏观策略对冲基金是指利用宏观经济的基本原理来识别金融资产价格的失衡错配现象,在世界范围内,在外汇、股票、债券、期货及期权上进行杠杆性押注,以期获得高额收益的一类基金。宏观策略最明显的特点就是投资范围非常广泛,可以说它是对冲基金中投资范围最广的一类基金,几乎在所有的主要市场中(股票、债券、货币、商品市场等)都会出现该类对冲基金的身影。另外宏观策略对冲基金会利用做多或者多空对资产价格变动方向进行下注,多为方向性的投资。而且在进行方向性投资的同时,宏观策略对冲基金通常会利用杠杆将收益和风险放大。由于其投资的灵活度和广泛度,其投资收益高于普通投资工具,而且高于大多数对冲基金策略;然而,由于其方向性和杠杆操作,该策略基金整体波动较大,而且风险管理的难度也很大。

由于诸多投资上的限制,目前中国的宏观策略基金与海外相比仍然有很大差异。中国的宏观对冲基金一改国外激进的投资风格,不会在货币市场上进行高杠杆式的押注,通常是利用其投资标的的灵活性,基本上仍然以国内多市场投资为主。根据美林时钟对不同经济周期的判断,在市场通货膨胀高涨时,应该投资大宗商品市场,衰退期应该投资债券,复苏期应该布局股市等来进行投资。以"泓湖重域"为例,包括国内各交易所上市的股票、债券、基金、商品期货、股指期货,以及国内银行间市场的各类利率工具。"梵基一号"投资的品种主要包括股票、商品期货、股指期货、债券、利率及相关产品、融资融券等,主要的投资区域还是集中在国内金融市场。"向量ETF创新稳增一期"不直接参与股票,利用宏观研究优势,仅宏观性趋势性投资ETF指数基金,追求低风险下的较高收益和平稳增长。目前绝大部分的宏观策略基金都以有限合伙的模式运行。重要的一个原因是在于与其他形式相比,有限合伙可以充分保证产品在投资范围上的灵活度。

据不完全统计,有业绩披露且成立满一年的宏观策略基金共9个,在所有中国对冲基金产品类别中占比极低。如表5-5所示,2013年表现最好的是梵基股权投资张巍所管理的"梵基一号",近一年收益率高达77.89％。不过,其波动性表现较为明显,11.33％的单月最大跌幅还是在提醒着投资者这只基金背后蕴含的风险;排名第二的是泓湖投资梁文涛所管理的"泓湖重域",该产品成立以来,表现相对平稳,单月最大跌幅仅为3.83％,相对于沪深300指数的月胜率也有71.43％,为所有产品中胜率最大的基金;排名第三的"从容全天候基金1期"以27.07％的好成绩抢位第三,该产品是一款基于经济周期研究、通过宏观的大类资产配置在股票资产上选择性对冲、能够实现稳定复利回报的基金。

表5-5　部分国内全球宏观策略对冲基金

投资顾问	产品简称	投资经理	产品类型	成立日期	2013年收益率(％)	成立以来累计收益(％)[1]
梵基股权投资	梵基一号	张巍	有限合伙	2011/04/01	77.89	40.53
泓湖投资	泓湖重域	梁文涛	有限合伙	2011/09/29	34.36	73.33
从容投资	从容全天候基金1期	吕俊	有限合伙	2012/12/25	27.07	27.07
颉昂投资	颉昂-商品对冲三期	周亚东	有限合伙	2012/11/08	16.96	5.26
	颉昂-商品对冲一期	周亚东	有限合伙	2011/09/23	14.93(截至2013/11/22)	167.78(截至2013/11/22)
	颉昂-商品对冲二期	周亚东	有限合伙	2012/07/24	13.59	35.17
汇益资产	拉芳舍-天津合伙	孙克	有限合伙	2011/01/26	9.71	−12.23
向量多维	向量ETF创新稳增一期	侯玉成	非结构化	2012/06/08	3.70	1.63
尊嘉资产	盈冲一号	宋炳山	有限合伙	2011/11/22	0.31	12.35

资料来源:德邦证券、Wind
注1:数据截至2013年末。

表 5 - 6 2013 年发行的部分国内全球宏观策略对冲基金

投资顾问	产品简称	投资经理	产品类型	成立日期	成立以来累计收益(%)[1]
凯丰投资	凯丰对冲一号	吴星	有限合伙	2013/02/05	57.60
	凯丰对冲二号	吴星	公募一对多专户	2013/06/20	6.00
通宝投资	通宝金种子一号	吴旭亮	有限合伙	2013/09/04	-7.33

资料来源:德邦证券、Wind

注 1:数据截至 2013 年末。

3. 套利策略

套利策略的对冲基金单笔交易的利润往往很小,但只要策略适宜,通过大量交易即可获得可观的收益。且其收益与市场走势基本无关,在大量交易下变得极为稳定。由于套利策略的这一特性,投资胜率和平均损益比在所有指标中便显得极为重要,但根据所获得净值序列的频率不同,其重要性也有所不同。

当净值序列间隔较短时,套利策略对冲基金所做交易数量较少,此时胜率指标较为重要,体现了策略的有效性。而当净值序列间隔较长时,净值序列的涨跌体现的是大量交易累积的结果,策略有效的基金盈利已是大概率事件,此时平均损益比更能体现其策略优劣。

常规指标对套利策略对冲基金也有一定的参考意义。套利策略对冲基金的波动性非常小,鲜有连续回撤的情况出现,故其各项指标往往非常优秀。而套利策略的盈利,仅依赖于市场频繁出现又转瞬即逝的定价偏差,而不依靠市场的具体走势,故其与市场的相关性一般很低。所以,在上述常规指标中,年化收益最具有参考价值。套利策略对冲基金的年化收益通常在 10% 左右,其中优秀者甚至可超过 20%。如备选基金年化收益过低,说明其策略有效性不足。而年化收益较高的基金,如不改变策略,其策略有效性往往会随着时间的推移而逐渐下降,向平均收益水平回调,需要基金不断研发新的策略以保证盈利。

固定收益套利

自 2011 年四季度开始,以债券市场为主要投资方向的阳光私募产品数量明显增多,国内涌现出北京佑瑞持、北京鹏扬、北京三宝、上海耀之、天津民晟、上海杉杉青骓等一批专注于固定收益投资的资产管理公司,核心团队往往来自于基金、保险、银行等机构的资深债券投资人士。

截至 2013 年末,共有约 282 只债券型私募基金处于正常运行中,其中非结构化产品仅占三成。相比之下,结构化产品更能借用"杠杆"的力量。从产品设计来看,此类产品的杠杆比率在 6—10 倍不等,封闭 1 或 2 年。优先级对接银行资金,"次级"面向市场募集或由投资顾问自有资金购买。如果基金的投资收益率能超过资金成本,"次级"部分获得的收益将非常可观,反之则将承受较大的损失。

无论是结构化还是非结构化,如果想获取更高的收益,则可以在债券投资中天然运用杠杆,比如,在交易所用质押式回购融入资金,或向银行进行表外拆借,加杠杆投资到债券二级市场中运作。由于对杠杆倍数上限进行了突破,使得此类产品在和股票对决投资收益的时候,还可能取得超高收益率。需要注意的是,在高杠杆获取高收益的同时,风险也随之升高,如果投资方向不对,投资者将损失惨重。

采用固定收益套利策略的私募基金仍有待发展。一方面,目前国内的利率市场还没有完全市场化,国内债券市场成交量不够活跃,投资者属性趋同,同时缺乏有效的利率对冲工具,债券的相关衍生品较少,融券品种少和费用高也是掣肘;另一方面,债券型私募基金在国内仍是相对新生事物,规模和数量仍在起步阶段,而国内固定收益市场的门槛相对较高,主要参与者仍是银行、保险、基金、券商等,私募基金的参与度相对较低,缺乏对手方也导致各类套利策略的使用受到限制。

表 5 – 7　2013 年发行的部分债券类对冲基金

投资顾问	产品简称	投资经理	产品类型	成立日期
耀之资产	汇鑫 49 号(耀之财智)	王小坚、王影峰	结构化	2013/01/07
	耀之持国	王小坚、王影峰	结构化	2013/01/25
	耀之进化(汇鑫 7 号)	王小坚、王影峰	结构化	2013/02/04
	汇鑫 43 号耀之增长	王小坚、王影峰	结构化	2013/03/19
	耀之浙商债券	王小坚、王影峰	结构化	2013/08/26
	兴拓熙金 4 号(耀之进取)	王小坚、王影峰	结构化	2013/11/12
乾盛投资	汇鑫 41 号(乾盛 1 号)	—	结构化	2013/01/18
毅扬投资	毅扬稳富 1 期	梁丰	结构化	2013/01/24
	毅扬稳富 2 期	梁丰	结构化	2013/1/24

续　表

投资顾问	产品简称	投资经理	产品类型	成立日期
中融景诚	汇鑫49号（中融景诚1号）	—	结构化	2013/01/30
	汇鑫66号（中融景诚2号）	—	结构化	2013/05/22
银叶投资	攻玉一期	单吉军	结构化	2013/01/30
佑瑞持投资	佑瑞持优享红利	王林	非结构化	2013/02/01
	佑瑞持双季分红	王林	非结构化	2013/05/29
	佑瑞持1号	王林	非结构化	2013/10/14
	佑瑞持1号年年佑余1期	王林	非结构化	2013/10/14
	佑瑞持1号年年佑余2期	王林	非结构化	2013/10/14
	佑瑞持1号年年佑余3期	王林	非结构化	2013/10/17
	佑瑞持1号年年佑余6期	王林	非结构化	2013/10/18
	招金优选	—	结构化	2013/10/22
	佑瑞持1号年年佑余15期	王林	非结构化	2013/10/25
	佑瑞持1号年年佑余4期	王林	非结构化	2013/10/25
	佑瑞持1号年年佑余5期	王林	非结构化	2013/10/29
	佑瑞持1号年年佑余7期	王林	非结构化	2013/11/01
	佑瑞持1号年年佑余8期	王林	非结构化	2013/11/20
	佑瑞持1号年年佑余9期	王林	非结构化	2013/11/22
	佑瑞持1号年年佑余10期	王林	非结构化	2013/11/26
	佑瑞持1号年年佑余11期	王林	非结构化	2013/12/02
	佑瑞持1号年年佑余14期	王林	非结构化	2013/12/05
	佑瑞持1号年年佑余12期	王林	非结构化	2013/12/24
	佑瑞持1号年年佑余13期	王林	非结构化	2013/12/26
青骓投资	稳益7号（兴拓-青雅-中银债富）	—	结构化	2013/02/05
	稳益14号（兴拓-青骓2期）	张志斌	结构化	2013/04/15
	稳益16号（兴拓-青骓3期）	张志斌	结构化	2013/05/06
	稳益15号（兴拓-青骓4期）	张志斌	结构化	2013/07/02
	青骓固定收益1期	—	结构化	2013/09/18
	青骓稳健固定收益1期	张志斌	非结构化	2013/11/28

续　表

投资顾问	产品简称	投资经理	产品类型	成立日期
艾亿新融	艾亿新融	—	结构化	2013/02/06
	艾亿新融 18 号	—	结构化	2013/03/07
理石投资	理石稳健增利一期	—	结构化	2013/02/25
	理石稳健增利二期	—	结构化	2013/03/11
醴泉投资	悦达醴泉 1 期	—	结构化	2013/03/06
嵩宁投资	嵩宁稳健一期	郑林林	结构化	2013/03/18
鹏扬投资	鹏扬 8 期	杨爱斌	非结构化	2013/04/08
	鹏扬安享 1 号	杨爱斌	非结构化	2013/04/08
	鹏扬安享 2 号	杨爱斌	非结构化	2013/04/08
	鹏扬安享 3 号	杨爱斌	非结构化	2013/04/08
	鹏扬安享 4 号	杨爱斌	非结构化	2013/04/08
	鹏扬安享 5 号	杨爱斌	非结构化	2013/04/08
	鹏扬安享 6 号	杨爱斌	非结构化	2013/04/08
	鹏扬安享 7 号	杨爱斌	非结构化	2013/04/08
	鹏扬安享 8 号	杨爱斌	非结构化	2013/04/08
	鹏扬安享 9 号	杨爱斌	非结构化	2013/04/08
	鹏扬安享 10 号	杨爱斌	非结构化	2013/04/08
	鹏扬安享 11 号	杨爱斌	非结构化	2013/04/08
	鹏扬安享 12 号	杨爱斌	非结构化	2013/04/08
	鹏扬 7 期	杨爱斌	结构化	2013/04/23
	鹏扬安享 13 号(鹏杨 8 期)	杨爱斌	非结构化	2013/05/03
	鹏扬安享 14 号(鹏杨 8 期)	杨爱斌	非结构化	2013/05/03
	鹏扬安享 15 号(鹏杨 8 期)	杨爱斌	非结构化	2013/05/03
	鹏扬安享 16 号(鹏杨 8 期)	杨爱斌	非结构化	2013/05/03
	鹏扬安享 17 号(鹏杨 8 期)	杨爱斌	非结构化	2013/05/03
	鹏扬安享 18 号(鹏杨 8 期)	杨爱斌	非结构化	2013/05/03
	鹏扬安享 19 号(鹏杨 8 期)	杨爱斌	非结构化	2013/05/03
	鹏扬安享 20 号(鹏杨 8 期)	杨爱斌	非结构化	2013/05/03

续　表

投资顾问	产品简称	投资经理	产品类型	成立日期
鹏扬投资	鹏扬5期尊享B期	王迪	TOT	2013/07/05
	鹏扬10期	王迪	非结构化	2013/08/22
	鹏扬5期稳增1期	杨爱斌	非结构化	2013/10/08
	鹏扬5期尊享A期	王迪	TOT	2013/10/10
	鹏扬3期安享2号	杨爱斌	非结构化	2013/11/06
	鹏扬3期安享1号	杨爱斌	非结构化	2013/11/06
	鹏扬3期安享3号	杨爱斌	非结构化	2013/11/11
	鹏扬3期安享6号	杨爱斌	非结构化	2013/11/15
	鹏扬3期安享5号	杨爱斌	非结构化	2013/11/22
	鹏扬3期安享4号	杨爱斌	非结构化	2013/12/06
暖流资产	暖流18期	—	结构化	2013/04/11
智赢投资	智赢1号	—	结构化	2013/04/12
民森投资	兴晟1期	蔡明	结构化	2013/04/12
嵩宁投资	嵩宁稳健二期	郑林林	结构化	2013/04/22
三宝资产	汇鑫1号(三宝2期)(续期)	—	结构化	2013/04/26
映雪投资	映雪雪霁3号	郑宇	结构化	2013/07/23
	映雪雪霁4号	—	结构化	2013/09/17
光大金控	泰润1期	—	结构化	2013/09/13

资料来源:德邦证券、Wind

据不完全统计,债券类对冲基金平均收益率为1.72%,排名前三的均为结构化产品。在非结构化产品中,乐瑞资产旗下的"乐瑞强债1号"以8.65%的收益率排名第二,佑瑞持投资旗下的两只产品紧随其后。

表5-8　2013年债券类对冲基金(非结构化)收益率排名

产品简称	投资顾问	投资经理	成立日期	2013年收益率(%)
华西禧悦1号	—	—	2012/12/20	9.64
乐瑞强债1号	乐瑞资产	王笑冬	2012/06/14	8.65
佑瑞持债券9期	佑瑞持投资	王林	2012/12/07	5.27

续　表

产品简称	投资顾问	投资经理	成立日期	2013 年收益率（%）
季享红利 1 号	佑瑞持投资	—	2012/05/14	4.14
海洋之星 16 号（2 期）	—	—	2009/06/26	0.60
鹏扬 5 期	鹏扬投资	杨爱斌	2012/11/01	0.26
上海证大 1201 期	证大投资	朱南松	2012/06/06	0.18

资料来源：德邦证券、Wind

表 5 - 9　2013 年债券类对冲基金（结构化）收益率排名

产品简称	投资顾问	投资经理	成立日期	2013 年收益率（%）
瑞司系列（次级）	—	—	2012/09/26	23.92
汇势通纯债投资 2 期	—	—	2013/01/04	12.11
乐瑞 2 期（次级）	乐瑞资产	张煜	2012/12/21	10.96
映雪雪霁 2 号	映雪投资	郑宇	2012/12/18	6.82
稳健 2 号	乐瑞资产	唐毅亭	2011/06/24	4.46
浦江之星 22 号	—	—	2009/12/03	4.33
民晟金马	民晟资产	蔡冬亮	2012/07/03	3.24

资料来源：德邦证券、Wind

海外对冲基金中，采用利率类期货（包括国债期货和短期利率期货）是常规的投资管理手段。2013 年 9 月 6 日，阔别 18 年的国债期货业务正式恢复，作为一种简单、成熟的利率风险管理工具，国债期货在债券市场定价和避险中起着关键作用，将极大丰富债券类私募产品的风险管理手段。国债期货可以为债券私募投资组合的久期调整提供一个更为便利的工具。如债券私募管理人预期未来利率下降，希望延长投资组合的久期，就可以通过买入国债期货合约的方式延长久期；而在预期未来利率上升时，则可以通过卖出国债期货来缩短组合久期。此外，国债期货连接了中国债券现货市场和期货市场之间的通道，期现之间、利率期限结构及跨期合约之间的对冲和套利交易将迎来契机。

相较国外以机构参与为主的成熟市场，国内国债期货参与群体以证券公司、私募和散户为主，目前市场的有效性并未得到充分的挖掘。虽然国债期货每日收盘价基本合理，但是从更高频度的时间周期和跨期的角度来看，合约之间的联动性较弱,给高频交易提供了套利空间。

一项新的投资标的的推出,就意味着产品又迎来了一波创新潮。围绕国债期货的量化套利产品,成了一些私募基金开发的新方向。"青骓投资"早在 2012 年便已开始筹划发行与国债期货相关的产品,终于在 2013 年 8 月 14 日成立"青骓 1 号债券对冲专项资产管理计划",并在国债期货上市首日就完成了首单国债期货交易。而"上海耀之"与中国国际期货公司合作推出的国债期货专户产品,名为"中期主动稳健——债期 1 号"。这两只产品的投资目标都是借助国债期货对冲风险及套利,投资策略均含期现套利、跨期套利、套期保值等。但在产品形式上有所不同,"债期 1 号"是期货公司资产管理产品;"青骓 1 号"是基金子公司推出的一款专项资产管理计划。根据《公开募集证券投资基金投资参与国债期货交易指引》,公募基金虽然获批参与国债期货,但在投资策略上要求以套期保值为主、严格限制投机,专户产品则不受限制。该指引给了基金专户在国债期货市场上很大的发挥空间,多家基金公司为推出国债期货专户摩拳擦掌。

国债期货的重新面世,将促进债券型私募基金在量化对冲策略上的应用,因此用量化对冲手段来抵御利率风险不可避免。但是,在国债期货上市的初始阶段,完全量化对冲交易不太现实。目前,国债现货端 95％都在银行间市场,而银行间市场多是"讨价还价"交易,不能全部通过程序化交易来实现对冲。未来随着交易所市场越来越多的新债,以及老债转入交易所市场,真正的量化对冲便可以实现了。

实际操作中,国债期货套利策略还是面临着困扰。一方面,由于国债期货上市初期,一些主要机构投资者缺失,使得国债期货市场存在一定非理性因素的干扰,投机氛围更容易占据主导地位,套利难度随之加大;另一方面,私募难以进入银行间市场拿到现券,仅有一些资历深厚、有稳定对手方的私募可以通过转托管拿到银行间市场的现券。交易低流动性对套利模型有冲击作用,套利策略也存在失败风险。所以,一般私募难以通过期现套利来获取收益。为了扩大收益,往往通过杠杆投资放大套利规模与套利回报额。具体做法是,先拿国债现货到债券回购市场质押融资,拿到资金再购买国债进行二次质押融资,如此循环操作两三次,整个套利资金规模被放大 2—3 倍。

国债期货套利目前面临上述困难,特别是交易所现货交易量偏低的局面短期难以改观,但我们依然看好这类策略的长期发展。随着交易规则的进一步完善、参与者群体有序扩充,国债期货市场的广度及深度必将延伸,从而为对冲基金的策略实施提供更为坚实的市场基础,为相关策略的展示提供更广阔的舞台,为投资者提供多样的产品选择空间。不过,在初期,投资者应谨慎选择以国债期货套利为主要卖点的产品,毕竟国债期货套利的专业门槛和交易策略复杂度要高于股指期货套利。

跨境套利

跨境套利,是指利用在境内外不同交易所上市的相同或相似的商品,基于他们内在的合理价格区间,在价差偏离时进行逆向投资,在价差恢复的过程中获得投资收益。目前,该类套利策略在我国还处于萌芽阶段,境内外市场套利的空间和需求都很大。首先,2013年中国期货市场在品种、数量、业务范围、行业结构等层面都出现重大突破,个股期权、指数期权、原油期权等也在筹备中;其次,境内与境外交易时间更加重合,使得这项业务领域有更广阔的开拓空间。未来,随着全球经济一体化,金融市场内外联动性增强,充分利用境内外多个市场、多种资源开展套利交易,将成为资本市场一个成熟的业务模式。

此前,由于受到外汇管制、交易通道不便等因素制约,国内采用跨境套利的私募机构只能通过在国内外分别成立独立的公司进行操作,由于资金账户处于割裂状态,税负成本非常高,也很难做大。

2013年11月,招商基金借道QDII推出的"全球跨境套利交易平台",有效地解决了这一平台难题。引起了各类金融机构的强烈关注,也对于我国"跨境套利"这项新兴的投资业务,具有重要意义。通过该阳光化的平台,私募机构可以更充分地在全球市场中实施投资意志,更便捷地捕捉境内外市场投资机会。招商基金则负责产品估值、清算和风控等事宜,并向证监会报备QDII专户产品。

4. 管理期货(CTA)

2013年是CTA基金崭露头角的一年。从前,无论是公募基金还是通过信托计划发行的私募基金基本上都不能参与期货的投资。期货由于具有高杠杆性,在很多人看来是一种极高风险的投资工具而避之不及。如今,公募基金专户和公募基金子公司的投资范围中已经纳入了金融和商品期货,为私募发行管理期货策略的公开产品创造了条件。例如,财通基金截至2013年年底已经发行了80只左右针对期货的创新型专户产品,管理的期货类资产规模超40亿元。此外,已获得资产管理业务资格的期货公司也在大力发展和提高自身的投资能力,未来有望从一对一专户发展为一对多专户。

表 5 - 10　部分国内 CTA 策略对冲基金

投资顾问	产品简称	投资经理	产品类型	成立日期	2013年收益率(%)	成立以来累计收益(%)[1]
银闰投资	铖功程序化	刘增铖	单账户期货	2012/08/15	611.00	568.34
	铖功超短交易	刘增铖	单账户期货	2012/09/27	36.93	39.67
百仕旺	黑天鹅二号	孟庆华	单账户期货	2012/07/06	380.00	620.00
康腾投资	康腾1号	邓文杰	单账户期货	2012/06/20	161.98	329.65
坚果理财	坚果1号	刘海涛	单账户期货	2012/07/06	85.98	136.19
柒福投资	柒福2号	叶刚	单账户期货	2011/08/01	84.66	58.81
白石资产	白石组合一号	王智宏	单账户期货	2012/04/11	81.36	172.04
健峰资产	健峰对冲1号	梁瑞安	单账户期货	2013/01/04	71.78	71.78
鲁芸投资	上海鲁芸投资四号	鲁勇巍	单账户期货	2012/11/13	45.61	66.00
淘利资产	淘利趋势2号	肖辉	单账户期货	2013/01/04	37.01	37.01
	淘利趋势1号	肖辉	单账户期货	2012/07/23	−9.44	114.63
—	言程序量化基金	—	单账户期货	2012/10/08	31.13	40.31
	金元程序组合	—	单账户期货	2012/11/01	26.42	34.00
	莫言程序	—	单账户期货	2012/12/31	26.00	26.00
稳赢理财	南昌稳健	周卫兵	单账户期货	2008/01/07	26.16	554.79
—	量化风华1号	雷文超	单账户期货	2012/08/17	17.99	64.00
尚银投资	尚银股指	刘松	单账户期货	2011/12/29	12.81	48.91
—	迦南一号	王晓勇	单账户期货	2012/12/14	11.75	27.40
中财立品	帕斯卡基金一号	刘步	单账户期货	2012/11/05	10.10	7.90
天和复兴	天和量化股指1号	万为杰	单账户期货	2012/08/23	9.40	48.79
—	永金五号		单账户期货	2012/06/01	9.68	36.00
大树投资	普洱茶一号	蒋昌颖	单账户期货	2012/06/15	8.38	13.80
	普洱茶二号	蒋昌颖	单账户期货	2012/10/19	−8.94	12.00
融景投资	融景1号	胡海	单账户期货	2011/05/31	5.16	96.64
一飞工作室	一飞对冲基金	苏振飞	单账户期货	2011/07/01	1.25	−18.05

续　表

投资顾问	产品简称	投资经理	产品类型	成立日期	2013年收益率(%)	成立以来累计收益(%)[1]
健峰资产	健峰趋势1号	黄健	单账户期货	2013/01/04	0.29	0.29
—	商埻稳健型	—	单账户期货	2012/06/18	0.00	47.00
—	永续二号	—	单账户期货	2012/12/20	-7.64	-7.64
—	永续六号	—	单账户期货	2013/01/04	-11.81	-11.81
—	永续四号	—	单账户期货	2012/12/21	-12.32	-12.32
天宝期汇	天宝波段	张继春	单账户期货	2011/01/01	-12.58	-8.21
旗隆投资	旗隆双策略一期	徐馨漫妮	单账户期货	2012/09/17	-23.08	-10.00
	兆鑫一号	林兆	单账户期货	2013/01/04	-28.33	-28.33
非却投资	非却投资交易一部	林如涵	单账户期货	2011/01/18	-29.26	-0.25
—	6号基金	—	单账户期货	2012/07/05	-32.06	-4.89
寰宇期货	寰宇期货稳健一号	吉建晔	单账户期货	2011/08/29	-61.49	-31.07
鼎善资产	鼎善一号	庄智钦	单账户期货	2012/08/17	-62.71	-71.66
同禧实业	同禧程序宝	丁丹华	单账户期货	2012/12/19	-89.19	-88.11

资料来源：德邦证券、Wind
注1：数据截至2013年末。

　　在统计样本中，截至12月末，2013年以来管理期货基金收益排名前三的分别是"铖功程序化"、"黑天鹅二号"和"康腾1号"，年收益率分别高达1.5倍到6倍多。这三只管理期货基金业绩长期表现优异，收益高但下跌回撤却很少。

　　1990年10月中国郑州粮食批发市场的开业代表中国期货市场的诞生，期货市场特有的结构和机制，与A股市场有着很大的差别。首先是做空机制，期货市场可以购买所看好的商品，同时也可以沽空不看好的商品；而且一般商品期货有较好的流动性，不会存在如A股想做空而无券可卖的尴尬境地。其次是保证金制度，期货市场是高度投机的市场，不同的标的有不同的保证金规则，也就代表用户用少量的资金即可获得大量杠杆效应，做到高风险高收益的投资模式。也正因为如此，期货市场开放早期，投资人还未了解期货市场的高风险时就盲目入场，从而导致大规模的亏损后，大家都认为期货的风险性太高而望而却步。

而目前市面上的管理期货类对冲基金却出现不少中低风险的品种。在 A 股市场大趋势并不向好时,为投资者带来新的资产配置机会。如钱骏管理的"持赢稳健",其策略采取顺应市场加趋势跟踪的方式,先拿极少量的资金投资看好的标的,若趋势正确,会越买越多,因为期货市场通常有较强的趋势持续性;若方向判断失误,由于刚开始买入的资金量极少,亏损到一定的程度立马止损,然后再寻找新的机会。这种用少量资金来试验市场的投资模式,保证了客户资金的安全性,控制了期货投资的高风险,"持赢稳健"2013 年以来取得 30.85% 的绝对收益。

CTA 基金与传统投资的品种相关性很小,有利于优化资产配置。在海外,随着保险基金、养老基金等机构投资者对另类投资的重视程度不断提高,CTA 基金的规模出现了迅猛的增长。随着国内投资范围的打开,未来 CTA 基金大有可为。

5. 事件驱动

事件驱动策略将投资面向正在经历或者将要经历重大事件的公司,比如:并购,重组,财务危机,收购报价,股票回购,债务调换,证券发行(定向增发),或者其他资本结构调整等。按照我们的定义,事件驱动策略之下的子策略包括行为主义、信用套利、并购重组、困境证券、定向增发和复合事件驱动。

截至 2013 年年底,据不完全统计,运行中的事件驱动策略产品约 190 只,其中结构化产品 98 只,占一半以上。按子策略分类,以定向增发子策略为主的产品仍占主要位置。2013 年发行定向增发策略产品的公司主要集中在东源投资、盛世景、晟乾投资等,以结构化产品为主。

表 5 - 11　2013 年发行的部分定向增发策略对冲基金

投资顾问	产品简称	投资经理	产品类型	成立日期
晟乾投资	晟乾稳健	程毅	结构化	2013/01/30
	晟乾财富 1 号	—	结构化	2013/04/19
	晟乾财富 2 号	—	结构化	2013/04/19
嘉伦投资	添富 2 号	张书桐	结构化	2013/02/17
盛世景	盛世景 7 号	路志刚	结构化	2013/03/11
	盛世景 8 号	路志刚	结构化	2013/03/11
	盛世景 5 号	路志刚	结构化	2013/03/13
	盛世景 6 号	路志刚	结构化	2013/03/13

续　表

投资顾问	产品简称	投资经理	产品类型	成立日期
远策投资	远策定增恒盈	张益驰	结构化	2013/04/07
东源投资	东源 1 期	王雪涛	结构化	2013/04/15
	东源 2 期	王雪涛	结构化	2013/07/25
	东源 3 期	王雪涛	结构化	2013/07/25
	东源 4 期	王雪涛	结构化	2013/07/25
	东源 5 期	王雪涛	结构化	2013/07/25
	东源 6 期	王雪涛	结构化	2013/08/02
	东源 8 期	王雪涛	结构化	2013/08/06
	东源 9 期	王雪涛	结构化	2013/10/10
	东源 10 期	王雪涛	结构化	2013/10/25
	东源 11 期	王雪涛	结构化	2013/10/25
	东源 12 期	王雪涛	结构化	2013/10/25
中新融创	恒增优先 1 号	桂松蕾	结构化	2013/05/02
浙商资本	浙商安本精选定增 1 期	文汇	非结构化	2013/08/19
	浙商江南红箭定向增发投资 2 期	—	非结构化	2013/12/27
泽熙增煦	泽熙增煦	—	有限合伙	2013/09/11

资料来源：德邦证券、Wind

表 5－12　2013 年国内定向增发策略对冲基金收益排名（含结构化）

产品简称	投资顾问	投资经理	产品类型	成立日期	2013 年收益（%）[1]
晟乾优势	晟乾投资	程毅	结构化	2012/12/27	97.32
晟乾成长	晟乾投资	程毅	结构化	2012/12/27	96.76
博弘数君	博弘数君	顾晶	有限合伙	2010/11/24	53.91
盛世景 3 号	盛世景	路志刚	结构化	2012/11/20	51.58
盛世景 4 号	盛世景	路志刚	结构化	2012/11/20	51.10
博弘定增 26 期	博弘数君	顾晶	非结构化	2011/07/22	47.24
博弘定增 27 期	博弘数君	顾晶	非结构化	2011/06/22	47.24
博弘定增 23 期	博弘数君	顾晶	非结构化	2011/07/01	47.24

续　表

产品简称	投资顾问	投资经理	产品类型	成立日期	2013年收益(%)[1]
博弘定增5期	博弘数君	顾晶	非结构化	2011/08/18	47.24
博弘定增29期	博弘数君	顾晶	非结构化	2011/08/16	47.23
博弘定增24期	博弘数君	顾晶	非结构化	2011/08/22	47.23
博弘定增21期	博弘数君	—	非结构化	2011/05/27	45.78
博弘定增6期	博弘数君	—	非结构化	2011/06/10	45.78
博弘定增19期	博弘数君	—	非结构化	2011/06/10	45.76
银河投资	银河投资	—	结构化	2012/05/28	36.50
中乾景隆2期	中乾景隆	裴力	结构化	2012/10/11	32.57
证大金龙3号	证大投资	朱南松	非结构化	2011/08/31	30.04
中睿吉祥管家创新型(合伙)	中睿合银	刘睿	非结构化	2012/07/30	17.87
中睿吉祥管家创新型2期	中睿合银	刘睿	非结构化	2012/09/28	17.62
证大金龙二号	证大投资	朱南松	非结构化	2011/04/11	15.65
中睿吉祥管家创新型1期	中睿合银	刘睿	非结构化	2012/03/28	15.60
泰达宏利1号	盛世景	路志刚	结构化	2012/09/11	11.53
泰达宏利2号	盛世景	路志刚	结构化	2012/09/11	11.18
晟乾	晟乾投资	程毅	结构化	2011/11/14	10.28
盛世景1期	盛世景	路志刚	非结构化	2012/03/05	10.11

资料来源:德邦证券、Wind

注1:数据截至2013年末。

2013年度,以"定向增发"为挖掘地的私募基金表现颇为抢眼,年收益取得10%以上的产品达到16只(其中9只博弘定增系列产品是投资于其主基金"博宏数君"的子基金,其业绩表现与其主基金相似,因此不纳入业绩评价)。其中,"博弘数君"以53.91%的收益率名列非结构化产品业绩首位。自2012年低迷的定增市场之后,博弘数君旗下产品在2013年开年1月份就出现了华丽逆转,一些前期跌幅较大的子基金,净值也回到面值附近。随着所投项目的股价大幅攀升,博弘数君的产品在1月、5月、11月均走出一波较强的上涨势。

在一、二级市场中通过折扣价来寻求安全垫的定向增发市场仍旧依托于股市,项目的收益与市场也存在较大的正相关。相较于其他对冲策略,定向增发的项目如果过于集中,系统性风险则较难分散,当股市整体环境恶化时,私募所参与的定向增发项目也很容易受影响而出现破发。此外,定增项目的挑选也至关重要,更需要投资顾问运用其专业性为投资者全面地考察与甄别。

对冲基金,起源于 50 年代初的美国,最初意为"风险对冲过的基金",当时的操作宗旨在于利用期货、期权等金融衍生产品以及对相关联的不同股票进行空买空卖、风险对冲的操作技巧,在一定程度上可规避和化解投资风险。因此,管理风险对于对冲基金至关重要。近年来,股指期货、国债期货等衍生品的相继推出,以及预计 2014 年上市的期权业务,为对冲基金提供了丰富的风险管理工具。随着社会各层面对衍生品认识的加深和资本市场的发展,整个衍生品市场的规则将更加适合机构的发展与壮大,对冲基金在产品策略丰富化上将有进一步的推动。

然而,未来能获得发展空间的对冲基金,必定是那些把策略做精做细的投资顾问。比如,在"套利策略"中,获利的机会在市场初期出现的概率较高,但当市场越来越成熟,概率则逐渐下降甚至接近零。2010 年 4 月 16 日正式面市的股指期货,上市初期对专业投资者是一片投资蓝海,随着机构投资者参与比例不断提升,程序化交易使用比例增加,许多时候投资者目标价位趋同,现在的市场则只剩下了强者之间的拼杀。明显的股指期现套利机会早已消失;市场价格变动在短时间内(没有足够的反应时间)迅速完成;程序化交易者的收益率难以达到高水平,这些"套利者"赚钱也越发困难。由此,股指期货进入专业比拼时代,主要在于交易策略之间的竞争。

第六章

阳光私募产品创新与变化

　　2004 年 2 月,深国投推出了一只名叫"赤子之心"的证券投资集合资金信托计划,第一只阳光私募破茧而出,见证着一个新的金融业态诞生。最早的私募业务是"地下"的、不合规的,甚至是违法的性质,通过信托等正规金融机构以私募、非公开的形式募集资金,并以投资顾问的角色进行资产管理,按照信托产品的规定进行估值清算和信息披露,把原本不透明的私募基金,以透明、合法、阳光的形象推到了投资者面前。这本身就是资产管理行业的产品创新,可以说,阳光私募基金的出生就被打上了创新的烙印。作为大家认可的阳光私募元年,2007 年后行业规模不断壮大,行业地位被监管层认可、纳入《基金法》监管,业绩由不被认可到被认可,甚至受追捧,这些都与其创新的精髓不可分割。

　　首先,我们一起回顾下过往阳光私募基金的创新案例。比如,为了与投资者利益捆绑,2009 年长金投资推出的"长金 6 号"安全垫型产品。2010 年,创新元素集中在投资策略的创新和组织形态的变化上,比较有代表性的有从容投资的行业主题基金——从容医疗 1 期,和混沌道然的有限合伙制投资管理公司——充分运用大宗商品期货、股指期货、融资融券等交易工具,既突破了信托账户有限的障碍,又扩大了投资范畴和提高了投资灵活性。2011 年,则可谓阳光私募的创新大年,各类创新产品层出不穷——定向增发型产品和目标回报型产品备受追捧,对冲策略和数量化投资方法也首次呈现在大众投资者面前。2012 年,对冲套利策略竞相拼比,像大宗交易套利策略、股指期货对冲工具、债券结构化私募大举发起,期货资管初具雏形,由于更多更广的投资工具可以运用,使得对冲策略基金在 2012 年的私募行业内大规模地发展,业绩也是可圈可点；另外，为了进一步迎合投资者的需求，诸如多管理人的 MOM 基金、定期分红型产品和引入第三方担保公司担保补差型产品应由而生。2013 年，创新继续，让我们在下文中再细数那些创新的火花。

一、基金产品创新的源泉

基金一词内涵广泛，公募基金和私募基金都包含其中，"公募"和"私募"的说法仅仅是从募集资金方式上进行区分。本质上基金是一种由投资者集合资金，并信托给专业的资产管理人员或机构进行投资管理，管理人可以根据合同的约定，以自己的名义全权进行投资管理的金融产品。因此在这个释义的基础之上，可以发现基金产品创新的源泉来自以下几个方面：

1. 产品募集资金方式的改变

2012 年颁布的《中华人民共和国证券投资基金法》（以下简称"新《基金法》"），将非公开募集基金纳入其协调范围——从此阳光私募基金有了法律地位。新《基金法》中，对私募基金领域新的调整要求，除了进一步扩大投资范围、实施备案制和细化规定了法律责任之外，最重要的一条内容就是：符合要求的几类私募基金管理人——证券公司、保险资管和阳光私募、PE、创投基金，均可以自行申请开展公募业务。

2013 年 2 月 18 日，证监会发布了《资产管理机构开展公募证券投资基金管理业务暂行规定》（以下称"《暂行规定》"）。根据《暂行规定》，开展公募基金管理业务的基本要求有：① 具有 3 年以上证券资产管理经验，最近 3 年管理的证券类产品业绩良好；② 公司治理完善，内部控制健全，风险管理有效；③ 最近 3 年经营状况良好，财务稳健；④ 诚信合规，最近 3 年在监管部门无重大违法违规记录，没有因违法违规行为正在被监管部门调查，或者正处于整改期间；⑤ 为基金业协会会员；⑥ 中国证监会规定的其他条件。

此外，证券公司还应当符合下列条件：① 资产管理总规模不低于 200 亿元或者集合资产管理业务规模不低于 20 亿元；② 最近 12 个月各项风险控制指标持续符合规定标准。保险资管还应当符合下列条件：① 管理资产规模不低于 200 亿元；② 最近 1 个季度末净资产不低于 5 亿元。阳光私募基金还应当符合下列条件：① 实缴资本或者实际缴付出资不低于 1000 万元；② 最近 3 年证券资产管理规模年均不低于 20 亿元。

只要达到以上标准，私募基金管理公司就可以自行发起公募基金并进行资金募集，这对于私募基金行业而言，将拥有更广阔的想象空间，将私募基金进一步推向普罗大众。目前,满足发行公募基金产品的私募基金已有 10 余家,但是在笔者私募调研过程中,发现各私募基金对于公募募集资金方式的产品创新均尚未迈出第一步,都处于观望阶段,希望出现第一个吃螃蟹的人先行探路。在证券行业,于 2013 年 11 月诞生了第一只公募基金产品——东方红产业升级混合型基金,由东方红资管公司进行设立发行,在业内反响不错。

2. 产品发行平台的多样化

随着阳光私募行业的发展壮大与不断创新,信托公司不再是阳光私募基金发行的唯一平台。2012 年 6 月证监会修订并发布了《基金管理公司特定客户资产管理业务试点办法》,同年 10 月份,证监会又修订并发布了与证券公司资产管理计划相关的监管细则"一法两则"①。在新修订的管理制度中,证监会在基金公司和证券公司的私募产品监控有所松绑,使得券商小集合和基金专户有成为信托发行通道的替代品。比如,券商小集合、基金专户等类型产品的设立由审批制改为备案制,无需事前报批,只需在事后规定时间内上报监管层即可;在投资范围上,也进行了拓宽,如商品期货、股指期货、融资融券、正回购、股票质押回购、理财产品等投资标的的扩容,大大增强了产品投资方向的想象力,也为证券公司、基金公司的资产管理平台与私募基金合作发行阳光私募打开更大的想象空间。

在近一年的实践中,有不少阳光私募使用证券公司或基金公司资产管理计划作为私募基金的发行、管理平台,证券公司或基金公司作为名义资管计划的管理人,阳光私募基金管理人则作为资管计划的实际投资顾问。证券公司或基金公司这样的金融机构以其专业、细致的交易管理、申赎 TA 系统、估值清算系统等为阳光私募提供必要的专业服务。据不完全统计,2013 年上半年共发行了4 只券商通道的阳光私募基金,分别为"国泰君安君享展博一号"、"招商汇智之东源嘉盈"、"广发昭时一期"以及"光大原君投资"。尽管券商资管通道的私募基金有诸多好处,但其最大的风险在于私募公司和证券公司的合作难逃利益勾兑以及输送之嫌,需要建立完善的防火墙制度以及更完善的监管制度。

除了通过券商集合、基金专户这类平台发行之外,在新《基金法》正式实施之后,阳光私募被正式纳入监管,且监管措施不断深入和细化。2014 年 2 月 7日,《私募投资基金管理人登记和基金备案办法》正式对外公布实施;3 月 17 日,首批 50 家私募基金管理人名单公布,其中包括 33 家阳光私募机构。这就意味

---

① "一法两则"指《证券公司客户资产管理业务管理办法》、《证券公司定向资产管理业务实施细则》和《证券公司集合资产管理业务实施细则》。

着这些经备案的阳光私募无需再借助通道，可以直接申请开立证券相关账户。阳光私募由此迈入了自主独立的阶段，不再只有"投资顾问"的名分，而是实实在在的"基金管理人"。然而，正如我们去年书中所提到的，"这样的改变将增加私募基金自我管理的难度"，包括托管、估值、清算、交易风控、技术支持，以及法律、税务、申赎 TA 等行政事务。这些繁杂却重要的环节原来都是由通道所承担的，如果要阳光私募机构立即接手承担，恐怕是比较困难的。因此，对于大多数阳光私募机构而言，有效和经济的方式是选择服务外包，依然由券商、基金、信托这类专业的管理服务平台主要承担基金管理等事宜；少数规模大、能力强的阳光私募机构或者其策略对交易系统和交易数据有保密、极个性化要求的，则自行完成所有的系统搭建与服务工作。

虽然《私募投资基金管理人登记和基金备案办法》允许私募机构自行开立证券账户，发行基金产品，对于私募机构而言有了法律支持，理论上可以降低管理环节成本，拥有更多投资主动权，行业也越来越规范。但是，在实际操作阶段，还有一些待定事宜。第一，证券账户的开立事宜还需要等具体批文，而《私募投资基金开户和结算有关问题的通知》强调，私募基金管理人不得为专门申购新股、炒作风险警示股票（ST 股）的私募基金申请开立证券账户，这对于投资范围有明显限制。第二，合格投资者的界定尚无明文规定。目前，在证监会未出台规定之前，证券业协会建议合格投资者需满足以下三个条件：① 个人投资者的金融资产不低于 500 万元人民币，机构投资者的净资产不低于 1000 万元人民币；② 具备相应的风险识别能力和风险承担能力；③ 投资于单只私募基金的金额不低于 100 万元人民币。因此，在现有规定下，投资门槛依然比较高。第三，证券投资基金的税收问题，包括基金管理人和投资者收益纳税相关规定，细则也尚未出台。

基于以上，在独立发行产品的形式选择上，有限合伙制私募基金某种程度上还是具有竞争力的，有些灵活性仍然是其他平台所不具备的。有限合伙制私募基金与私募机构自行发行基金产品，都可以节省成本，且没有信托、基金专户和券商资管等私募基金 3000 万元成立规模下限的限制；但是有限合伙制私募基金在认购门槛以及投资范围上还是具有一定优势。首先，按照现行的法律规定，无论是信托或券商集合或基金专户类型的阳光私募基金，甚至未来自行发起的私募基金产品，其最低认购门槛均为 100 万元，而目前合伙制基金认购门槛可降至 30 万元；其次，自行发起私募基金产品目前也仅放开了证券账户的开立，更多的衍生金融产品账户是否可以开立尚不确定，而有限合伙制私募基金投资范围基本无限制,可以广泛参与商品期货、黄金外汇、融资融券,甚至海外市场的投资,单边股票做多的投资策略不能满足投资者避险的需求,越来越多创新型策略的基金都倾向于通过有限合伙形式发行,寻求更多新的对冲投资策略。

2012年底,私募数据库供应商朝阳永续发行了首只有限合伙产品——"朝阳量化精选1号"。朝阳永续担任GP,邀请韩国程序化交易专家柏奎投资担任投资顾问,专注投向中国金融期货交易所上市的股指期货合约标的,在2013年投资业绩比较令人满意。2013年7月,朝阳永续趁胜追击,又发行了"朝阳量化精选2号",携手昊毅投资发行第二只有限合伙基金。其投资范围较为宽泛,除金融期货交易所品种、国内二级市场股票、ETF、证券投资基金、可转换债券、国债之外,还可以用于银行存款、短期国债回购、短期银行理财产品的投资。

然而,有限合伙基金的灵活性是优势,同时也是劣势。由于缺乏了相关监管部门的监管,存在着信息披露不及时以及资金挪用的道德风险等问题,后续仍需要未来法律的进一步完善解决。

3. 投资标的和对冲工具的扩展

阳光私募基金自产生以来,一直以股票多头策略为主,缺乏更多的投资标的,同时也缺乏应对单边下跌股票行情下的做空对冲工具,使得阳光私募基金投资策略有限,创新之路受阻。

随着2012年股指期货、两融业务的推出,信托、券商资管、基金专户等私募发行平台逐渐可以参与衍生品交易,虽然一开始只能通过卖空沪深300股指期货合约进行简单的套保交易,而不能实现完全意义上的风险对冲,但是这已经迈出了投资工具不断扩容的第一步。随后,商品期货、利率远期、利率互换、传统的银行理财产品、集合信托计划、专项资管计划等投资标的纳入私募基金平台可投资范围。

2013年9月6日,时隔18年的国债期货再次挂牌上市交易。对于债券型阳光私募基金而言,一方面,可以对冲债市的单边下跌风险,有利于控制风险;另一方面,国债期货的高杠杆特性也为债券类私募提升收益率打开了想象空间。

阳光私募基金行业迎来了投资创新的新时代。目前,股指期权和个股期权的仿真交易都在正常运行中,技术系统运行正常,市场参与者期货公司、子公司和券商都进行了比较充分的做市业务准备,并且为2014年即将推出的股指期权和个股期权作了充分的市场培育,这一新型对冲工具的推出势必会对市场造成重大的影响,围绕这些新工具可以衍生出更多对冲策略。对于私募基金而言,也意味着更多创新的想象空间,他们对期权这一个新型工具持怎样的态度呢?据调查,42.86%私募表示会参与期权交易,2.86%私募明确表示不会参与,54.28%私募持观望态度视情况而定。[①] 由此可见,对于期权类衍生产品的推出,市场参与主体的态度还是积极的,虽然有半数以上私募持观望态度,可能是希望顺势而为,在合适的投资环境下参与期权交易,而不是忽略投资环境的变化,为了参与期权交易而任意使用期权工具。

正是因为这些投资标的和对冲工具的扩展,阳光私募基金行业的创新灵感才源源不断,在产品投资范围中加入新的元素,在产品投资策略中运用新的对冲工具,推动着行业向前。

4. 对冲策略的多元化

近几年 A 股呈现弱势震荡行情,单纯股票多头策略表现不尽人意,有了做空工具和衍生工具之后,除了可以对冲股票单边下跌的系统性风险,有效弥补股票多头策略下缺乏风险控制手段的不足,也极大地推进了对冲策略的多元化、创新化,对冲策略得到了极大的丰富,标志着传统阳光私募从同质化的股票多头策略迈向了差异化的策略多元化时代。

2012 年 11 月 21 日,首批 18 家期货公司[②]获得 CTA 业务资格,根据 9 月 1 日正式实施的《期货公司资产管理业务试点办法》,将先行开放单一客户资管业务,起始委托资产不得低于 100 万元,特定多个客户资管业务将在制定相关办法后放行。2012 年底,财通基金与永安期货合作发行了业内首只商品期货 CTA 产品,借道财通基金的专户通道,发起了"一对多"资产管理计划,绕开了《期货公司资产管理业务试点办法》中不能开展特定多个客户资管业务的规定。2013 年在期货业务和定增业务两大领域,财通基金已成为行业的领跑者。截至 2013 年末,财通基金专户产品数量已升至 167 只,累计管理的专户规模(不含子公司项目)超 162 亿元,专户数量和规模跻身同业前列。相信在不久的将来,在 CTA 产品日益成熟之后,期货公司将可以自己发行 CTA 一对多资产管理产品。

在组合基金策略中,MOM 产品是在对投资管理人进行深入评估和研究的

---

① 数据来源:私募排排网数据中心。

② 国泰君安期货、海通期货、中证期货、申银万国期货、上海东证期货、永安期货、浙商期货、华泰长城期货、国投中谷期货、广发期货、银河期货、鲁证期货、新湖期货、中粮期货、中国国际期货、光大期货、南华期货、江苏弘业期货。

基础之上,通过主动分析管理,定制底层基金管理人,真正做到每个管理人做自己所擅长的投资,以此实现长期稳定的投资收益。相对于其他组合基金策略TOT、FOF 和 TOF 而言,MOM 优势明显:第一,拥有对底层管理人的较强影响力;第二,避免双层收费问题,节约了成本,本质上就是提高收益;第三,具有较强的主动管理能力。因此,MOM 是有其存在和发展的价值和意义的。继 2012 年 8 月成立国内首只 MOM 策略产品——"平安罗素 MOM 一期",2013 年,延续着 MOM 的这一创新策略分支,万博兄弟资产先后发行的"万博宏观策略MOM"、"万博升级 MOM"和"万博多策略进取 MOM",丰富了国内对冲基金中MOM 策略的产品。

对比国内与国外对冲基金所使用的策略范围,可以发现,中国的对冲之路仍"路漫漫其修远兮",很多海外对冲策略在国内尚无用武之地,随着日后投资标的、衍生品以及对冲工具的进一步扩容和完善,创新源泉也将汩汩不断。

二、基金产品创新的目的

对于基金产品的设计者来说,创新就像一把悬在头顶的达摩克利斯之剑,让人既充满敬畏,又充满幸福感。每一次的产品创新,虽然能给投资者们带来惊喜,同时也可能因一点瑕疵就给投资者带来巨大的投资损失。因此,成功的创新应该可以同时达到以下两个目的:

1. 尽可能提高确定性收益,消弭不确定性风险

阳光私募基金从产生之日起,就以追求"绝对收益"为投资目标,这就要求作为基金管理机构,要尽力提高确定性收益,把握确定性投资机会,同时,要尽可能地降低不确定性风险,充分做好风险控制。简而言之,就是努力追求低风险高收益的创新,但是,"低风险高收益"本就是个悖论,比如有些股票型基金,大比例都要投向股票,那么在单边下跌的行情下,如何能实现呢?是否可以真实上演完美逃脱,我想在大多数情况下很困难。又如债券型结构化基金,主要投向债券,遇上去年的债券大跌行情,加之高杠杆的存在,又如何能获得高收益呢,劣后端资金能够保本都是万幸。风险与收益总是相匹配的,一般来说高收益总是伴随着高风险,因此在既有的投资标的和投资策略下,有没有可能实现低风险高收益呢?通过创新的确有可能实现的,随着投资标的的不断扩容,投资工具的不断增加,对冲策略也更加多元化,单边下跌的市场行情下,有了做空工具来对冲下跌风险,锁定确定性收益,各种期货私募、对冲基金的创新纷至沓来。

2. 满足投资者对风险收益的多元化需求

投资者的投资需求千人千样，因此对于基金产品的需求也是多元化的，对于市场的细分和投资需求的甄别也是私募基金管理者创新的目的之一。

投资者一般分以下三种类型：

（1）缺乏投资理财能力，需要委托专业资产管理机构进行理财的投资者。这类投资者的需求非常简单，承担一定的风险，获得相应的回报。对于此类投资者，全权委托基金管理机构进行资产管理，既需要进行投资标的筛选，又需要投资时机的选择。

（2）有投资能力和资产配置能力的投资者。这类投资者自己进行资产配置，同时自己来择时，会对经济环境变化作出适当比例的资产配置调整。比如，预计宏观经济会改善，就增加股票型基金的配置，反之，则会更多地配置债券型或其他固定收益类产品、货币型产品等。

（3）喜欢投资被动管理型产品的投资者。这类投资者不相信基金管理人对于投资标的的甄选能力，也不相信基金管理人的择时能力，因此很不喜欢主动型管理产品，他们会选择各种指数型产品，比如股票指数、债券指数、商品指数、贵金属指数以及固定收益等品种之间择时和配置。对这类投资者来说，市场上的各类基金产品只是其投资工具之一，自己完成各种 FOF、FOT、TOT 等基金的要素配置。

很明显，上述三类投资者，第一类投资者对资产管理机构的依赖性最高，需要管理机构提供最积极主动的管理；而第三类投资者对资产管理机构的依赖性最低，只需要资产管理机构提供标准化的指数投资工具，自己实现主动管理。亟需专业机构提供资产管理服务的第一类投资者，将是大家争夺的市场，这类投资者主要有以下几点投资诉求：

（1）流动性偏好的需求。阳光私募基金一般会有 6 个月的封闭期，即是基金成立之后的 6 个月内，投资者不能赎回，6 个月封闭期打开后可以赎回，但是需缴纳比较高的赎回费。6 个月的封闭期是否过长，对于不同的投资者来说，答案是不同的。因此，针对不同的投资者，可以设计不同流动性与不同收益相匹配的私募基金产品，既保持了投资者的投资黏性，又可以保证相对应的投资收益。

（2）收益偏好的需求。有些投资者是激进的，完全可以承受浮动收益的基金产品；但是大部分的投资者还是希望保本，在保本基础上获得尽可能满意的收益，或者要求管理人与自己保持共进退的关系，对收益上的追求可以达成一致。

（3）投资收益"落袋为安"的需求。私募基金产品的投资收益一般是具有一定波动性的，有时候在糟糕的投资环境下，会面临比较大的回撤幅度，投资者在产品净值由正收益到比较少的正收益，甚至到负收益的心理落差很大。"落袋为安"的需求应运而生，加之分红的避税效应，对于私募基金管理人在产品设计和创新上是个好的方向，当然前提还是业绩做得好，不然分红的设计也无法在投资者心目中加分。

（4）对于不确定性的厌恶，反映了投资者对于固定收益产品的巨大需求。债券、套利等固定收益投资品质的崛起，此外，夹层基金的创新也满足了不同风险承担能力的投资者对于同一只产品的参与。

通过对投资者不同需求的研究，可以细分不同产品市场，甚至可以去创造或订制能满足投资者需求的新产品。供给只有围绕着需求转，才是不断创新产品和占领更多市场份额的必经之路，才能更好地促进整个行业的发展。

三、阳光私募基金创新的典型案例

在研究和分析清楚创新的源泉和目的之后，原则上，我们可以在充分理解投资者的投资诉求基础上，围绕着监管层的创新导向，通过调整投资标的、设计不同的产品交易结构、运用不同的投资策略，来进行阳光私募基金的创新。既实现基金管理人对于投资的创新想法，又满足投资者多元化的投资需求。综上所述，我们按照以下几种思路来分析创新的案例：一是法律监管的创新导向；二是投资标的和策略的创新；三是产品发行平台的创新；四是满足投资者需求的创新。

下面，我们来一起盘点一下 2013 年阳光私募基金产品创新的典型案例。

（一）法律监管的创新导向

2012 年 12 月 30 日，证监会公布征求意见稿，拟允许符合条件的私募基金发行公募产品。这无疑是给阳光私募基金行业带来了一阵暖风，只要成为基金业协会的特别会员，且满足证监会提出的基本条件，就可以自行发起公募基金，而不需要再去找各种阳光化的发行平台，也不会受制于各个平台的苛刻条件了。

可是这样一项众人叫好的政策，却并不那么叫座。满足条件的私募基金也只是在积极申请公募牌照，却并不急于发行公募产品。主要原因在于公募产品的发行涉及的各项前期准备工作、中期营销工作和后期的风险控制、后台支持上的工作量与成本投入都是巨大的,对于看重绝对收益的阳光私募基金而言,前、中、后期巨大的成本投入是暂时无法承受的。虽然能够从事公募业务、独立发行产品,是阳光私募基金在资产管理道路上的重大转型,但是,在转型的道路上,尚有许多难关要迈,如转型后人力、设备成本大幅提高,市场营销、后台运作经验尚浅等问题。而券商资管在开展公募业务上却具有了得天独厚的优势,有比较成熟的市场营销体系和估值清算等后台支持系统,因此,私募行业的首只公募产品就在券商资管中诞生了。

2013 年 8 月,东方证券资产管理有限公司成为首家获得公开募集证券投资基金管理业务资格的证券公司。同年的 12 月,东方红新动力灵活配置混合型证券投资基金获批,成为业内首只券商公募基金产品,投资门槛降至 1000 元起。根据东方证券资产管理有限公司公告显示,东方红新动力混合基金已于2014 年 1 月 22 日募集结束,首募资金规模超 11 亿元,备受投资者追捧。这一规模超过 2013 年混合基金 5.85 亿的平均募集规模,究其原因,并非仅仅是首只券商公募基金产品的噱头,而源自东方红系列产品的优秀业绩,在过去 15 年的发展历程中,一直注重核心竞争力的培养,不但在权益投资领域建立起了比较大的优势,而且在创新能力和专注稳健的发展模式上获得了长足进步。

表 6 - 1　东方红新动力灵活配置混合型证券投资基金产品要素表

基金名称	东方红新动力灵活配置混合型证券投资基金
基金类别	混合型证券投资基金
基金管理人	上海东方证券资产管理有限公司
基金托管人	中国工商银行股份有限公司
开放日	每个交易日
投资范围	本基金的投资范围为具有良好流动性的金融工具,包括国内依法发行的股票(包括中小板、创业板及其他经中国证监会核准发行的股票)、债券(含中小企业私募债)、中期票据、债券回购、货币市场工具、权证、资产支持证券、股指期货以及法律法规或中国证监会允许基金投资的其他金融工具(但须符合中国证监会的相关规定)。 如法律法规或监管机构以后允许基金投资其他品种,基金管理人在履行适当程序后,可以将其纳入投资范围。 待基金参与证券投资基金、融资融券和转融通业务等的相关规定颁布后,基金管理人可以在不改变本基金既有投资策略和风险收益特征并在控制风险的前提下,参与证券投资基金、融资融券业务以及通过证券金融公司办理转融通业务,以提高投资效率及进行风险管理。

基金名称	东方红新动力灵活配置混合型证券投资基金
投资比例	本基金投资组合中股票资产投资比例为基金资产的 0%—95%；本基金每个交易日日终在扣除股指期货合约需缴纳的交易保证金后，保持现金或者到期日在一年以内的政府债券投资比例合计不低于基金资产净值的 5%；基金投资于新动力的股票不低于非现金基金资产的 80%。
认、申购起点	1 000 元人民币
认、申购费率	认、申购金额（M）　　　　　　　认、申购费率 　M＜50 万　　　　　　　　　　1.2%/1.5% 　50 万≤M＜100 万　　　　　　0.8%/1.0% 　M≥100 万　　　　　　　　　　1 000 元/笔
托管费	0.25%/年
管理费	1.5%/年
赎回费率	份额存续时间（L）　　　　　　　　赎回费率 L＜7 个自然日　　　　　　　　　1.5% 7 个自然日≤L＜30 个自然日　　0.75% 30 个自然日≤L＜365 个自然日　0.5% 365 个自然日≤L＜730 个自然日　0.3% L≥730 个自然日　　　　　　　　0

资料来源:东方证券资产管理有限公司官方网站

（二）投资标的和策略的创新

在组合基金策略中,MOM 策略的创新是不得不提的亮点,与相类似的 TOT、FOF、TOF 等策略相比较,MOM 具有天然的优势:第一,拥有对底层管理人的较强影响力;第二,避免双层收费问题,节约了成本,本质上就是提高收益;第三,具有较强的主动管理能力。2012 年 8 月成立的国内首只 MOM 策略产品——"平安罗素 MOM 一期产品",从业绩上来看,截至 2013 年 12 月 27 日,净值仅为 1.017 6,虽然跑赢了沪深 300 指数,但是与其他 TOT 产品在 2013 年的业绩相比,的确是差强人意。但是,业绩不代表全部,MOM 作为一种全新的策略,发展空间还是很大的。2013 年,万博兄弟资产先后发行的"万博宏观策略 MOM"、"万博升级 MOM"和"万博多策略进取 MOM"三只系列产品,丰富了国内对冲基金中 MOM 策略的产品。由于成立时间较短,尚未满 1 年,因此,以非常短期的业绩来批判此策略的好坏明显欠妥,策略需要在长期应用中得到业绩检验。

表 6-2 2013 年组合基金产品投资情况一览表

序号	信托名称	信托公司	投资顾问	投资经理	累计净值	2013 年收益率	更新日期	成立日期
1	双核动力 4 期 1 号	平安信托	平安信托		1.088	37.10%	2013/12/31	2010/12/28
2	双核动力 3 期 1 号	平安信托	平安信托		1.012	32.80%	2013/12/31	2010/11/11
3	红宝石安心进取 (上信-H-1001)	上海信托			1.243	28.00%	2013/12/27	2010/03/04
4	金狮 181 号	中江信托	凯石投资	许友胜	0.851	26.90%	2013/12/27	2010/01/12
5	中银国际精英汇 1 期	华润信托	中银国际		1.132	25.40%	2013/10/31	2010/04/22
6	黄金组合 2 期 1 号	平安信托	平安信托		1.187	24.50%	2013/12/31	2010/07/28
7	金致五号	华润信托	中金		1.029	20.80%	2013/12/31	2011/03/18
8	极元私募优选 2 期	陕国投	极元财富		0.936	20.50%	2013/12/05	2011/04/25
9	双核动力 1 期 6 号	平安信托	平安信托		1.151	19.20%	2013/12/31	2010/05/26
10	邮储金种子优选	陕国投	中国邮政储蓄银行		1.095	19.20%	2013/12/13	2009/11/12
11	弘酬优选 3 期	陕国投	弘酬投资	闫振杰	0.932	19.10%	2013/12/31	2010/06/08
12	双核动力 1 期 1 号	平安信托	平安信托		1.125	19.10%	2013/12/31	2010/04/27
13	双核动力 1 期 5 号	平安信托	平安信托		1.158	19.10%	2013/12/31	2010/05/26
14	双核动力 1 期 7 号	平安信托	平安信托		1.212	19.10%	2013/12/31	2010/06/28
15	极元私募优选 1 期	陕国投	极元财富		0.913	19.10%	2013/12/20	2010/12/10
16	双核动力 1 期 2 号	平安信托	平安信托		1.128	19.00%	2013/12/31	2010/04/27

序号	信托名称	信托公司	投资顾问	投资经理	累计净值	2013年收益率	更新日期	成立日期
17	双核动力1期4号	平安信托	平安信托		1.148	18.90%	2013/12/31	2010/05/26
18	双核动力1期3号	平安信托	平安信托		1.116	18.50%	2013/12/31	2010/04/27
19	双核动力2期1号	平安信托	平安信托		1.169	18.40%	2013/12/31	2010/07/27
20	金致三号	华润信托	中金		1.011	17.70%	2013/12/31	2011/01/24
21	双核动力2期2号	平安信托	平安信托		1.048	17.20%	2013/12/31	2011/03/10
22	新方程私募精选1号	华润信托	新方程投资	乐嘉庆	1.078	17.20%	2013/12/31	2010/07/27
23	黄金组合1期4号	平安信托	平安信托		1.119	17.20%	2013/12/31	2010/04/12
24	双核动力5期3号	平安信托	平安信托		1.086	17.10%	2013/12/31	2011/04/26
25	私募基金宝-稳健增长	外贸信托	光大银行	李伟	1.209	16.70%	2013/12/31	2011/06/09
26	双核动力5期1号	平安信托	平安信托		1.027	16.60%	2013/12/31	2011/03/10
27	双核动力5期2号	平安信托	平安信托		1.045	16.60%	2013/12/31	2011/03/28
28	时节-好雨4号之中银安心成长组合	华宝信托	中国银行，国金证券		0.837	16.20%	2013/12/17	2011/11/17
29	金致一号	华润信托	中金		1.005	16.10%	2013/12/31	2011/01/24
30	黄金组合1期3号	平安信托	平安信托		1.135	15.60%	2013/12/31	2010/02/09
31	黄金组合1期1号	平安信托	平安信托		1.144	15.40%	2013/12/31	2010/01/22
32	新方程私募精选3号	华润信托	新方程投资	乐嘉庆	0.975	15.30%	2013/12/31	2010/12/02

续 表

序号	信托名称	信托公司	投资顾问	投资经理	累计净值	2013年收益率	更新日期	成立日期
33	融智潮商组合宝1期	粤财信托	融智投顾	李春瑜	1.029	14.90%	2013/12/31	2011/07/27
34	弘酬优选2期	陕国投	弘酬投资	闫振杰	1.067	14.70%	2013/12/31	2010/04/29
35	新方程私募精选2号	华润信托	新方程投资	乐嘉庆	0.943	14.70%	2013/12/31	2010/11/04
36	金致二号	华润信托	中金		1.04	14.70%	2013/12/31	2011/01/24
37	弘酬优选8期	陕国投	弘酬投资	闫振杰	0.845	14.40%	2013/12/20	2010/12/13
38	光大阳光私募基金宝	外贸信托	光大银行	李伟	1.074	13.90%	2013/12/31	2009/09/15
39	新方程私募精选4号	华润信托	新方程投资	乐嘉庆	1.112	13.70%	2013/12/31	2011/02/28
40	汇聚成长1期	外贸信托	国信证券		0.85	13.70%	2013/12/31	2010/08/25
41	建信私募精选1期	建信信托	建信信托		1.003	12.90%	2013/12/31	2010/11/10
42	私募基金宝积极成长	外贸信托	光大银行	李伟	1.106	12.90%	2013/12/31	2011/06/09
43	弘酬优选5期	陕国投	弘酬投资	李劲晖	0.932	12.60%	2013/12/31	2010/08/27
44	东海盛世一号	平安信托	东海证券		1.28	12.30%	2013/12/27	2009/05/26
45	弘酬优选7期	陕国投	弘酬投资	李劲晖	0.832	11.90%	2013/12/10	2010/11/15
46	中银成长组合	外贸信托	中国银行		1.036	10.00%	2013/12/31	2011/05/11
47	工行专享阳光私募组合	中江信托	工商银行		1.112	9.00%	2013/12/30	2011/07/13
48	宝赢类固定收益	华宝信托			1.197	7.40%	2013/12/27	2011/09/20
49	金鼎优选配置1号	中铁信托	中铁信托		0.987	6.00%	2013/12/31	2009/12/29

续　表

序号	信托名称	信托公司	投资顾问	投资经理	累计净值	2013年收益率	更新日期	成立日期
50	弘酬优选1期	陕国投	弘酬投资	闫振杰	0.846	5.00%	2013/12/31	2010/03/30
51	卓然臻选1期	平安信托			1.03	3.00%	2013/12/31	2013/06/25
52	格上创富2期	外贸信托	格上理财	潘勇	1.019	1.90%	2013/12/31	2013/08/13
53	格上创富1期	外贸信托	格上理财	潘勇	1.018	1.80%	2013/12/31	2013/02/28
54	卓然臻选2期	平安信托			1.016	1.60%	2013/12/27	2013/08/28
55	理财宝2号	中海信托			1.052	1.30%	2013/08/30	2011/01/06
56	平安罗素MOM一期	交银信托	平安罗素	殷觅智	1.018	0.90%	2013/12/27	2012/08/06
57	建信私募精选2期	建信信托	建信信托		0.863	0.30%	2013/12/31	2011/03/23
58	锐越财富成长1号	外贸信托			1	0.00%	2013/12/31	2013/12/25
59	万博多策略进取MoM	外贸信托	万博兄弟资产	董斌	0.992	-0.80%	2013/12/31	2013/11/18
60	万博宏观策略MoM	外贸信托	万博兄弟资产	滕泰，董斌，龙舫	0.972	-2.80%	2013/12/31	2013/02/08
61	万博升级MoM	外贸信托	万博兄弟资产	滕泰，董斌，龙舫	0.97	-3.00%	2013/12/31	2013/07/30
62	平安尊越	平安信托			0.888	-3.10%	2013/12/27	2011/07/12

数据来源：朝阳永续、德邦证券

（三）发行平台的创新

在去年撰写的《中国阳光私募年度报告2013》中，笔者提到未来私募的发行平台，券商资管和基金公司、期货资管等资产管理机构将会大规模扩容。通过2013年阳光私募的实践可以发现，发行平台的创新比比皆是，尤其是基金专户和基金子公司的发行平台的快速扩大规模，一方面得益于基金公司在资管领域有着丰富的经验和天然的风控基因；另一方面，也是阳光私募希望回归证监会监管的需求使然。之前私募基金的阳光化之路都是通过信托渠道发行，众所周知，信托行业受银监会监管，而私募基金受证监会监管，游走在两个监管机构之间，使得阳光私募的法律地位略显尴尬。通过券商资管、基金公司和期货公司等归属证监会监管的机构实现阳光化，使得阳光私募基金的法律地位更加明确。

1. 券商资管平台

2012年12月27日，国泰君安牵手重阳投资有限公司（以下简称"重阳投资"）共同合作发行、投资、管理首只券商资管平台的阳光私募基金——国泰君安君享重阳阿尔法对冲一号限额特定集合资产管理计划。其中，国泰君安主要负责前台的投资操作、交易通道、营运风控等中后台支持，重阳投资则提供研究支持和投资建议。首次跨界合作，引起业内极大的关注。合作必须是建立在双赢的基础之上，对国泰君安而言，可以拓宽自有资管的产品线，从重阳投资学习到更强投研能力；而对重阳投资来说，借助券商资管的发行渠道，一方面，突破了多年来信托发行的瓶颈，另一方面，借助国泰君安强大的营销体系，产品资金募集问题也迎刃而解。

根据下面的产品要素表，可以看出"君享重阳1号"在产品设计上有一些特别之处。首先，对于业绩报酬的提取，并不像以往产品提取业绩报酬会设定一个预期收益率门槛，而是对投资收益直接提取20%业绩报酬；第二，产品期限为10年，不同于以往产品2年或3年的投资期限，是目前市场上期限最长的产品；第三，规定了产品存续期的规模上限50亿，一旦达到规模上限，暂停产品的申购；第四，投资范围进一步扩大，融资融券、中小企业私募债、商品期货、利率衍生品等投资标的纳入产品投资范围。

表6-3　国泰君安君享重阳阿尔法对冲一号限额特定集合资产管理计划要素表

产品名称	国泰君安君享重阳阿尔法对冲一号限额特定集合资产管理计划
产品类型	限额特定集合资产管理计划
成立日期	2012年12月27日

续　表

管理人	上海国泰君安证券资产管理有限公司
保管银行	兴业银行股份有限公司
研究顾问	上海重阳投资管理有限公司
产品期限	10 年（到期可展期）
最低认购限额	单个客户参与金额不低于 100 万元；客户人数在 200 人以下，但单笔委托金额在 300 万元以上的客户数量不受限制。
认购费用	无
信托计划封闭期	产品封闭期为成立之后 6 个月，期间不可申购赎回；认购资金封闭期 180 天，期间不可赎回。
开放日	产品封闭期满后的每月最后一个交易日
管理费率	信托计划资产的 1.6%（含产品管理费、银行托管费等）
赎回费率	持有满 180 天不满 360 天，退出费率为 3%；持有满 360 天，退出费率为 0
投资范围	包括国内依法公开发行上市的股票、权证、基金、各种固定收益产品、股指期货、商品期货、利率远期和互换、证券公司专项资产管理计划、商业银行理财计划、集合资金信托计划等金融监管部门批准或备案发行的金融产品，以及中国证监会认可的其他投资品种。可以参与融资融券交易，也可以将其持有的证券作为融券标的出借给证券金融公司，可参与证券回购业务。其中，股票投资范围为国内依法公开发行的、具有良好流动性的 A 股（包括一级市场申购、上市公司新股增发和二级市场买卖）；基金投资范围包括开放式基金、交易所上市的封闭式证券投资基金和 LOF、ETF 等；固定收益产品包括新债申购、央行票据、短期融资券、资产支持证券、中期票据、国债、金融债、企业债（含可转债）、公司债、中小企业私募债、可分离交易债券、可交换债券等；股指期货投资范围是在中国金融期货交易所挂牌交易的股指期货合约；商品期货是指在证券期货交易所交易的投资品种；利率远期和互换是指银行间市场交易的利率远期和利率互换
投资目标	通过构建由权益类及固定收益类证券组成的现货投资组合，同时运用股指期货等对冲工具管理系统性风险，以获取中长期稳定的阿尔法收益
业绩报酬	20%，客户退出、产品清算或产品分红时提取
产品分红	在符合有关分红条件和收益分配原则的前提下，收益每年至少分配一次

资料来源：重阳投资官网公开信息、德邦证券

自产品成立以来,"君享重阳 1 号"的业绩表现非常靓丽,单位净值一直稳健地增长。截至 2013 年 12 月 31 日,产品净值实际增长率达到 66.60%,并于 2013 年 12 月 25 日进行第一次收益分红,每 10 份计划份额派发红利 2.79 元,投资者收益"落袋为安",管理者再次轻装上阵。

表 6-4　君享重阳 1 号成立以来净值表

日期	最新单位净值	累计单位净值	近 6 个月增长率	净值实际增长率
2013/12/31	1.387 0	1.666 0	43.87%	66.60%
2013/11/29	1.595 0	1.595 0	45.13%	59.50%
2013/10/31	1.443 0	1.443 0	32.75%	44.30%
2013/09/30	1.323 0	1.323 0	22.84%	32.30%
2013/08/30	1.252 0	1.252 0	20.85%	25.20%
2013/07/31	1.194 0	1.194 0	18.10%	19.40%
2013/06/28	1.158 0	1.158 0	14.88%	15.80%
2012/12/27	1.000 0	1.000 0	—	0.00%

资料来源:重阳投资官网公开信息
截止日期:2013 年 12 月 31 日

2. 基金专户平台

2013 年,"财通基金效应"是大家广泛议论的话题。据《中国证券报》消息,截至 2013 年末,财通基金专户数量已升至 167 只,累计管理的专户资产规模(不含子公司项目)超过 162 亿元,专户数量和规模跻身同业前列。主要包括主动管理型专户、商品期货类专户和定增类专户,其中已成功发行 67 单针对期货的创新专户产品,管理的期货类资产规模超 40 亿元,更是率先破冰套保型期货专户和国债期货专户等创新产品。[①] 据不完全统计,财通基金在 2013 年成功参与 35 个定增项目,累计参与金额超 82 亿元,总的浮盈规模超 22 亿元,平均浮动收益率超 35%,定增业务参与金额位列 2013 年全行业第 1 位[②]。正是凭借一系列的期货和定向增发等创新类专户产品,财通基金在基金业的创新业务上获得了良好的口碑。

2013 年 11 月 6 日,上海耀之资产管理中心(有限合伙)携手东航期货,在财

① 资料来源:《21 世纪经济报道》。
② 资料来源:《中国证券报》。

通基金平台上发行、成立了首只国债期货基金专户理财产品—"耀之债期1号"。该资管计划存续期三年,每三个月开放一次;以"一对多"发行,在基金专户的平台上操作,由基金公司负责风控;并采用双投资经理制度,由上海耀之的投资总监王影峰以及衍生品主管熊赟,联袂负责资管计划的投资决策,通过对国债、AAA级信用债的投资来构建基础收益率,再借助国债期货和现券之间的期现套利、国债期货的跨期套利等低风险套利策略来实现较高收益。

3. 基金子公司平台

2013年,长安基金旗下子公司长安财富资产管理公司在期货资管专户业务上的开拓也是可圈可点。在国债期货正式推出之前,2013年8月14日,青骓投资管理有限公司作为投资顾问,联手长安基金子公司、国泰君安期货推出了国内首只投资国债期货进行利率风险对冲的产品:"长安资产——青骓1号债券对冲专项资产管理计划"(以下简称"青骓1号")。基金子公司作为资产管理人,青骓投资管理有限公司主要负责产品的投资策略,国泰君安期货作为基金专户资产受托人完成国债期货端的交易。此前,青骓投资在量化对冲系统开发方面投入较大,已建立毫秒级程序化交易平台,满足各类高频交易策略要求。此次的产品将充分利用公司量化对冲团队力量,首次将量化策略开发以及程序化交易的概念引入到债券对冲产品中。

另外,通过基金子公司平台发行阳光私募基金,尤其是发行期货类型产品,具有较大优势。一是可以成功规避期货公司资管"一对一"的限制,二是还实现了通过基金子公司购买银行间市场的国债现货。

4. 期货公司资管平台

国内期货公司资产管理业务开展,暂时只限于"一对一",且客户主要为高净值的自然人或企业。期货公司自有产品销售体系薄弱,资管产品的营销存在短板,这些都在很大程度上阻碍了期货公司资管业务的发展。因此,大部分期货公司资管产品都以单账户管理的形式存在,相对估值、清算等后台支持比较容易实现。2013年9月,上海耀之投资管理中心与中国国际期货公司合作推出的期货专户产品:中期主动稳健——债期1号,是"一对一"的资管产品。具体操作模式:在持有高等级信用债享受稳定收益的同时,一旦发现期货与现货存在可观套利空间时,就可以通过回购拆借资金,在期货市场和现货市场同时进行反向操作,以锁定一笔无风险收益,增厚产品的投资汇报。上海耀之投资管理中心作为该产品的投资顾问,参与国债期货投资策略的研发并负责国债现货头寸的操作。

（四）满足投资者需求的创新

受近两年A股投资市场的波动影响，不少基金产品的净值经历了过山车行情，从高收益到低收益甚至负收益，大多数投资者越来越倾向于收益稳定、保障本金、定期分红等可以让投资收益"落袋为安"的产品。

1. 分红型产品持续升温

分红型基金产品由于具有定期分红、回流部分现金和机构投资者避税特性，在2013年阳光私募基金发行市场上依然是热点。目前，市场上分红频率由高至低为月度分红、季度分红和双季度分红等，通过高频度的分红，投资者可以定期获得投资收益，避免承担了投资收益由于大幅回撤而造成"竹篮打水一场空"的情况，极大满足了投资者对收益"落袋为安"的强烈需求。2012年8月上海理成资产管理公司发行的"华润信托——理成消费分红（转子6号）证券投资集合资金信托计划"（以下简称"转子6号"）属于月度分红频率；2013年5月底相继成立的"鼎诺目标分红1期证券投资集合资金信托计划"（以下简称"鼎诺目标分红1期)和"兴业信托——佑瑞持双季分红证券投资集合资金信托计划"（以下简称"佑瑞持双季分红"）分别属于季度分红和双季度分红的频率。截至2013年12月31日，"转子6号"单位净值累计增长率为37.66%，按照产品要素中的分红安排，在封闭期结束后，且信托计划净值高于1元的前提下，"转子6号"每月进行分红，每次分红比例不低于信托计划收益的50%，如表6－5所示，"转子6号"自2013年4月底开始进行分红，最高达到100%的收益分红，最少也有50%比例收益分红。投资者通过月度分红，回流了部分现金，在不需要赎回产品的情况下获得了流动性。

表6－5 "转子6号"单位净值明细表

更新日期	成立日	单位净值	累计净值	最近一年增长率	累计增长率
2013/12/31	2012/09/03	0.9996	1.3766	36.57%	37.66%
2013/11/29	2012/09/03	1	1.377	39.75%	37.70%
2013/10/31	2012/09/03	1.183	1.3434	34.18%	34.34%
2013/09/30	2012/09/03	1.2671	1.4275	43.19%	42.75%
2013/08/30	2012/09/03	1.1656	1.326	32.63%	32.60%
2013/07/31	2012/09/03	1.1306	1.291	29.13%	29.10%
2013/06/28	2012/09/03	1.0711	1.2315	23.17%	23.15%
2013/05/31	2012/09/03	1.165	1.3254	32.57%	32.54%

续　表

更新日期	成立日	单位净值	累计净值	最近一年增长率	累计增长率
2013/05/02	2012/09/03	1	1.1604	16.06%	16.04%
2013/04/30	2012/09/03	1.1604	1.1604	16.06%	16.04%
2013/03/29	2012/09/03	—	1.1443	14.45%	14.43%
2013/02/28	2012/09/03	—	1.1245	12.47%	12.45%
2013/01/31	2012/09/03	—	1.0978	9.80%	9.78%
2012/12/31	2012/09/03	—	1.008	0.82%	0.80%
2012/11/30	2012/09/03	—	0.9853	−1.45%	−1.47%
2012/10/31	2012/09/03	—	1.0012	0.14%	0.12%
2012/09/28	2012/09/03	—	0.9969	−0.29%	−0.31%
2012/09/03	2012/09/03	—	0.9998	0%	−0.02%

数据来源:理成资产官方网站、德邦证券

　　"鼎诺目标分红 1 期"投资要素如下表所示,其分红的原则是每一自然季季末可对当季盈利进行现金分红,但是分红比例为不超过当季盈利 50%。这与"转子 6 号"的分红政策相比,分红频率降低,并且分红比例也远远低于"转子 6号"。根据鼎诺投资管理有限公司的官方网站数据,截至 2013 年 12 月 31 日,"鼎诺目标分红 1 期"单位净值累计增长率仅仅为 1.89%,封闭期也已经结束,但是暂时尚未安排过分红。同期成立的"佑瑞持双季分红",在 2013 年 11 月 22日,每单位份额实现分红 0.024 2 元。

表 6-6　"鼎诺目标分红 1 期证券投资集合资金信托计划"基本要素

产品名称	鼎诺目标分红 1 期证券投资集合资金信托计划
投资顾问	深圳市鼎诺投资管理有限公司
成立日期	2013 年 5 月 31 日
认购资金要求	不低于人民币 300 万元,超过按 10 万元整数倍增加
存续期	5 年,产品到期后可续期
信托分红	每一自然季季末可对当季盈利进行现金分红,分红比例为不超过当季盈利 50%
封闭期	半年
认购赎回	封闭期内每月末可申购、不可赎回,封闭期后每月末开放申购赎回

续　表

认购费率	1%（内扣）
年管理费	信托管理费：2%/年 银行托管费：0.2%/年
浮动管理费	20%（开放日净值创新高提取）

资料来源：深圳市鼎诺投资管理有限公司官方网站

　　投资者对于分红型产品的爱好，归根到底还是取决于投资顾问获取绝对收益的能力。假如投资顾问的投资能力很弱，基金产品不仅不能获得正收益，甚至是亏损的，那么即使在产品设计条款中加上每周分红，也是毫无意义的。

　　2. 补差型产品依然受热捧

　　投资者委托专业机构进行投资的首要需求，是对消弥不确定性风险的需求，在保证本金安全的基础之上再去追求更高的收益。为了满足投资者对于本金保障的诉求，结构化产品、安全垫型产品、风险缓释型产品应运而生。本质上，补差型私募基金只是上述产品的变形。结构化产品利用劣后资金来保障优先端资金的本金和收益，安全垫型产品和风险缓释型产品对于保本的保障来自于投资顾问自有资金的投入，而补差型私募基金则是引入了第三方担保机构实现产品本金安全的100%保证。通过引入第三方担保机构，对于投资者而言，降低了投资不确定性，增强了收益补差的可靠性；对于投资顾问来说，也解决了自有资金短缺的问题，缓解了投顾自有资金投入的压力。这种外部担保增信结构的创新，同时满足了投资者和投资顾问的诉求。市场上首只补差型产品，是由安全垫型产品创始人长金投资管理有限公司于 2012 年 8 月发行成立的"兴业信托—长金—中科智 1 号证券投资集合资金信托计划"。根据公开的信息，该信托投资范围仅限于股票投资策略，不使用任何对冲工具进行风险对冲。对于持有该信托计划超过 3 年或产品到期、终止清算的投资者，若赎回时信托净值低于认购时的信托单位净值，则担保公司承诺补偿亏损部分，并且投资顾问免收管理费、担保公司免收担保费，尽最大可能减少客户费用、提高预期收益。

表 6-7　"兴业信托—长金—中科智 1 号证券投资集合资金信托计划"基本要素表

产品名称	兴业信托—长金—中科智 1 号证券投资集合资金信托计划
投资目标	上海证券交易所、深圳证券交易所已经公开发行并挂牌交易的股票、债券、基金

投资范围	1. 股票等权益类资产占信托资产的 0%—100%； 2. 不得购买权证、ST 类股票，不得进行融资融券、股指期货等金融衍生交易
投资顾问	广州长金投资管理有限公司
担保机构	深圳中科智融资担保有限公司，成立于 1999 年，是中国第一家中外合资担保机构，花旗、凯雷等均是其股东
存续期	本信托计划不限定信托计划存续期限
本金保障	持满 3 年，若发生亏损，担保人将无条件补偿客户本金亏损部分，保障客户本金
封闭期	6 个月
认购赎回	每月的 20 日（节假日提前）
认购费率	认购资金的 1%
赎回费	2%，归入信托财产留存客户受益（持满 3 年免收）
管理费	免收
担保费	免收
收益分成	1. 不满 3 年赎回，收益部分的 50%； 2. 持满 3 年赎回，收益 0%—15% 部分 100% + 收益 15% 以上部分 50%

资料来源：私募排排网、德邦证券

　　但是从官方网站上披露的产品净值信息（如表 6-8）来看，产品成立一年多以来，净值表现并不令人满意。截至 2013 年 12 月 20 日，单位净值再次回落到 1 以下，但是产品的回撤幅度都控制在 10% 以内，在风险控制上可圈可点。补差型产品期待的是长期投资的稳健回报，因此一年的业绩回报不如意并不能代表其真实的投资水平。

表 6-8 "兴业信托—长金—中科智 1 号"净值表

日　　期	单位净值	累计增长率
2013/12/20	0.957 3	− 4.27%
2013/11/20	1.032 0	3.20%
2013/10/18	1.025 5	2.55%
2013/09/18	1.027 3	2.73%

续　表

日期	单位净值	累计增长率
2013/08/20	1.046 4	4.64%
2013/07/19	0.934 6	− 6.54%
2013/06/20	1.008 2	0.82%
2013/05/20	1.111 8	11.18%
2013/04/19	1.069 6	6.96%
2013/03/20	1.136 1	13.61%
2013/02/20	1.166 5	16.65%
2013/01/18	1.147 0	14.70%
2012/12/20	1.027 2	2.72%
2012/11/20	0.946 9	− 5.31%
2012/10/19	1.024 9	2.49%
2012/09/20	0.968 1	− 3.19%
2012/08/20	0.989 0	− 1.10%
2012/08/03	1.000 0	0.00%

2013 年 3 月,北京新锐私募投顾博融泰资产管理有限公司,发起一只补差型的有限合伙基金——博融泰富保本型私募基金。与长金投资的"长金－中科智 1 号"除了产品搭建结构不同之外,博融泰资产管理有限公司还需要向外部担保机构支付担保费,产品的投资范围也更加宽泛,投资门槛更低,收益分成对于投资者更有利,在保本的基础之上,仍可以享受 70% 的投资正收益。采用有限合伙企业形式募集资金,虽然降低了投资门槛,但是由于国内有限合伙基金信息披露缺乏透明性,博融泰官方网站公司产品一栏,关于博融泰富保本型私募基金显示为产品预约中,对于产品的运作状况、基金净值情况,都没有公开信息可获取。

表 6 - 9　"博融泰富保本型私募基金"基本要素

产品名称	博融泰富保本型私募基金
产品形式	有限合伙企业
投资顾问	博融泰资产管理(北京)有限公司
战略合作机构	重庆金东投资顾问有限公司

续　表

担保机构	中元国信信用担保有限公司
产品规模	1亿人民币
产品期限	5年
封闭期	1年
投资起点	50万人民币
投资范围	股票二级市场,包括新股认购、增发、ETF、LOF、分级基金等;债券等固定收益类品种;低风险类投资品种:货币型基金、债券型基金等;货币市场工具:银行存款、同业拆出、大额可转让存单、短期债券逆回购等;商业银行发起的信贷资产支持证券、短期融资、保证收益型理财产品,信托公司发起设立的信托计划及券商发起设立的有担保的集合资产管理计划
申购费用	1%
产品费用	管理费:2%/年 托管费:0.2%/年 担保费用:0.5%/年
收益分配	担保公司保证该基金在成立后每个开放日净值不低于1.00元,正收益部分,投资顾问提取30%业绩报酬,投资者享有余下的70%收益

资料来源:博融泰资产管理(北京)有限公司官方网站、德邦证券

3. 多层分级结构化产品满足不同风险承受的投资收益需求

随着投资者风险偏好日益多元化,针对不同风险和收益配比的私募产品的创新也越来越多。据悉,上海某私募联合某券商发行的一款结构化产品,产品共分为三类不同风险收益匹配的份额。A类份额为管理型,向一般投资者募集,管理者提取20%业绩报酬;B类份额为避险型份额,向一般投资者募集,C类份额担保B类份额持有人本金及3%预期年化收益率,同时,C类份额持有人还将提取B类份额3%以上的超额收益的80%;C类份额则向管理者募集。三类份额面向的投资者不同,其需求也不同。C类只面向作为机构投资者的专业资产管理公司;而A类份额适合追求较高预期收益、承受风险能力较强的投资者;B类份额适合保证一定收益基础上,可以获得额外投资收益的投资者,适合风险厌恶型投资者。通过一定的产品结构设计,应对投资市场的不确定性,使得一种产品可以同时满足不同风险偏好的投资者,这种产品的创新在于"管理型+结构型"组合。

多层分级产品虽然可以满足多元化的投资者需求,并且能够利用杠杆撬动更多的资金,在投资中获得优势,但是产品创新却面临风险。据《证券时报》报道,此前国内某私募与广东券商合作的三级结构化产品曾一度搁浅。究其原因,一方面在于 B 类份额的收益率缺乏吸引力导致募集困难;另一方面,多层级结构化的产品设计原理也增加了产品净值清算的难度。

四、阳光私募基金的创新趋势

随着阳光私募基金行业规模越来越大,参与主体越来越多,如何真正地实现"绝对收益"、如何应对同质化的市场竞争、如何顺应投资者的需求等问题的存在,迫使阳光私募基金的从业者们只能不断创新,不断提供给投资者有营养的、新鲜的、差异化的产品和服务。

1. 发行公募基金产品是未来私募基金发展的趋势

2014 年阳光私募市场最值得期待的应该是发行公募基金产品,打破了公募牌照的垄断性,对阳光私募行业来说肯定是利好。随着私募基金投资的理念逐渐渗入广大普通投资者,阳光私募基金通过发行低门槛的公募基金,一方面有利于私募基金投资理念的快速传播,使其不再是神秘的、难以触摸的行业;另一方面,也能极大地扩大阳光私募行业的生存空间,有利于扩大行业规模。但是在风险偏好和投资理念上,大资金和中小投资者的小资金自然存在很大区别。如何维护好两种不同投资需求客户的利益,如何进行投研资源配置,以及如何对两类产品进行投资上的隔离,这些问题都是未来要涉足公募业务的私募基金必须进行深思熟虑的。

2. 保险资金与阳光私募产品"一对一"亲密接触的可能性

根据中国保监会于 2012 年 7 月 26 日发布的《保险资金委托投资管理暂行办法》,保险资金可以委托给符合条件的投资管理人,开展定向资产管理、专项资产管理或者特定客户资产管理等投资业务。所谓的投资管理人,是指在中国境内依法设立的,符合中国保监会规定的保险资产管理公司、证券公司、证券资产管理公司、证券投资基金管理公司及其子公司等专业投资管理机构。阳光私募基金管理人暂时被排除在投资管理人范畴之外,但是,随着保监会关于保险资产管理业务政策的逐步放开,不排除未来私募基金管理人被纳入投资管理人的范畴。保险资金不仅体量大,而且资金属性较为长期,专业性较强,能够充分理解阳光私募的投资理念。保险资金委托阳光私募进行资产管理这样的创新,无疑将会给阳光私募行业注入储量丰富的资金源泉,让私募基金可以更加专注于投资,而无需将精力耗费在资金募集上。

3. 投资标的进一步扩展,对冲策略更加多元化

2012 年 6 月 8 日上交所启动了个股期权模拟交易,2013 年 11 月 8 日股指期权全市场仿真交易也正式启动。或许就在 2014 年,股指期权、个股期权在交易所正式上线,机构投资者们都在翘首以盼。股指期权和个股期权作为海外成熟的场内市场衍生品,已经被广泛地应用于风险管理、资产配置和产品创新等领域,并且在全球市场保持着极高的活跃度。随着全球金融市场风险的加剧,市场对使用期权产品管理风险的需求也不断提升,进行风险对冲或套利的需求也日益增长。未来,随着沪深 300 股指期权以及相应个股期权的推出,其他如中证 500、上证 50 等系列的指数期货、国债期货、利率期货、汇率期货及相应的期权衍生品都会逐步推出。随着对冲工具的不断扩容,将会有更加多元化的对冲子策略被广泛运用到基金管理中。

4. 产品发行平台更加多样化,组合基金策略表现更出众

目前,券商资管、基金子公司、基金专户、有限合伙基金、期货公司资管等多样化的产品发行平台,在 2013 年的产品发行中已经得到了很好的实践。不同平台因其交易结构的不同、投资范围的不同、法律地位的不同,在私募基金的创新中绽放出不同的光彩。未来,随着保险资产管理公司、券商另类子公司等平台的出现,相信会有更多的创新得以实践。组合基金策略将在多元化的底层资产基础上,利用更加专业的底层资产管理团队,搭建出更多层次的组合基金,MOM 策略也将会得到更大的发展。

表 6 - 10　发行平台特征对比表

发行平台	类型	投资范围	申报审核程序	投资者门槛
券商资管	集合	股票、债券、股指期货、商品期货等证券期货交易所交易的投资品种;央行票据、短期融资券、中期票据、利率远期、利率互换等银行间市场交易的投资品种;证券投资基金、证券公司专项资产管理计划、商业银行理财计划、集合资金信托计划等金融监管部门批准或备案发行的金融产品;以及中国证监会认可的其他投资品种;融资融券;可以参与正回购;证监会认可的境外金融产品;作为资金融出方参与股票质押回购交易	事后向证监局备案	100 万元,200人。募集资金规模在 50 亿元以下

续　表

发行平台	类型	投资范围	申报审核程序	投资者门槛
基金专户	一对一	现金、银行存款、股票、债券、证券投资基金、央行票据、非金融企业债务融资工具、资产支持证券、商品期货及其他金融衍生品	5个工作日内备案	3 000万元
	一对多			100万元起,不超过200人。300万元以上不限;初始资产大于3 000万元,小于50亿元
保险资管	集合	1.保险资产管理机构根据中国保监会相关规定,可以将保险资金运用范围的投资品种作为基础资产,开展保险资产管理产品业务。2.银行存款、股票、债券、证券投资基金、央行票据、非金融企业债务融资工具、信贷资产支持证券、基础设施投资计划、不动产投资计划、项目资产支持计划及中国保监会认可的其他资产。3.可以申请为其设立的集合资产管理计划或特定客户资产管理计划开立证券账户	初次申报核准,后续产品事后报告	投资人总数不得超过200人,单一投资人初始认购资金不得低于100万元
期货资管	单一客户或者特定多个客户	1.期货、期权及其他金融衍生品;2.股票、债券、证券投资基金、集合资产管理计划、央行票据、短期融资券、资产支持证券等;3.中国证监会认可的其他投资品种。	开户备案前,期货公司不得开展资产管理交易活动	单一客户的起始委托资产不得低于100万元人民币
有限合伙基金	有限合伙企业	投资基本无限制	符合《中华人民共和国合伙企业法》	门槛可以降至30万元起,无成立规模下限

资料来源:德邦证券

第三篇
私募房地产投资基金2014

第七章

成长中的中国私募房地产投资基金

一、私募房地产投资基金的定义

房地产投资基金进入公众的视野，应该是从 2010 年开始比较清晰，起点就是房地产信托基金。

2010 年初，"国四条"出台，房地产行业的融资环境发生了巨大的变化。房地产信托由于其天然的监管优势，逐渐成为房地产企业与银行贷款之间的通道，迅速发展起来。投资门槛 100 万元起，收益率远超市场的同类金融产品，是该时期房地产信托基金的主要特征。

进入 2012 年，随着监管的放松，大资管的市场格局开始出现。各种类房地产信托基金的房地产投资产品相继出现，纷纷扰扰。

于是乎，什么是房地产投资基金，这是个非常需要解决的问题。

房地产投资基金，源于美国。20 世纪 60 年代，为解决房地产投资专业性要求高、资金需求大、地域性强、流动性差等不利因素，美国出现了由房地产专业机构管理的房地产投资信托基金。这种基金在汇集众多投资者的资金后进行房地产投资。在成熟的房地产投资基金市场中，房地产投资基金是房地产行业中重要的金融投资工具，是连接金融和房地产两大行业的纽带。当前房地产投资基金几乎已经渗入美国每一个大中城市的房产经营活动中。

中国学者任纪军在其 2006 年出版的《房地产投资基金：组织、模式与策略》一书中，将房地产投资基金定义为：从事房地产的收购、开发、管理、经营和营销获取收入的集合投资制度。

这个定义可以从几个方面来理解:1. 从本质上来看,它是一种为房地产开发融资的制度安排。2. 从形式上看,表现为通过基金等方式,经历募、投、管、退,实现稳定性的收益。3. 从盈利模式来看,可以通过介入房地产的开发、管理、经营等各个阶段,通过股权或者债权来实现收益。4. 从目的上看,集众多小资金,从事投资者凭自身的资金和管理能力所不能及的投资。当然,募集的过程不限,可以公开募集,也可以是非公开的私募。

将房地产投资基金的形式整理到一张图表中,就可以明了了。于是,我们回到开篇所列举的现象,目前市面上出现的这类主流的房地产投资基金,仅仅只是房地产投资基金的一种:表现为信托制的,是以固定收益为主的债权类、私募房地产投资基金。

图7-1 房地产投资基金的主要分类

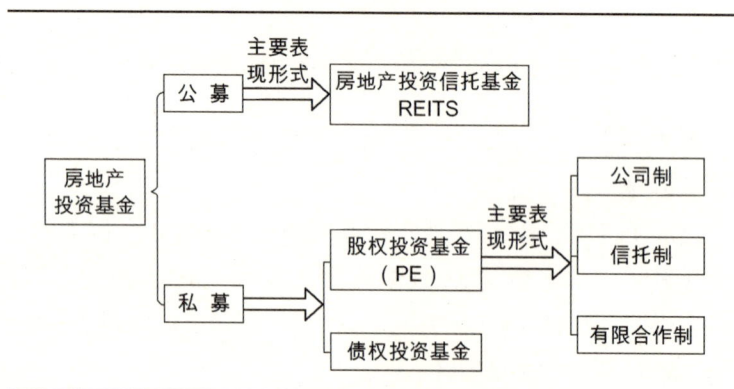

资料来源:德邦证券

本篇中将重点讨论的私募房地产投资基金,有以下几个特点:

第一,资金募集采用私募方式,不能通过媒体批露信息、公开发售基金单位等,只能以电话、信函、面谈等方式私下征询特定投资者。投资者(个人和机构)要取得投资资格需一定条件和门槛,通常,100万元起或者更高。基金管理人采取固定管理费(一般固定为承诺资本额的1.5%至2.5%),加上业绩提成的模式(当基金收益率超过优先收益率时,管理人才能提取20%的额外收益作为分红)。

第二,存续期较长,资金主要来源于长期投资者。国外的私募房地产投资基金存续期限一般在15年内,投资承诺期一般在3—6年之内;国内一般在2—3年之间。投资人不得随意抽资(或抽资必须提前告知),基金期间一般是封闭式,不上市流通。但是基金在期间一般会发放部分盈利或者收益。

第三,资金运用主要集中于未上市的房地产开发等股权,从而发挥其管理人员和投资经理在房地产领域中的专业优势。投资工具多采用普通股或可转换债券、可转换优先股和过桥贷款等工具形式。一般投资于非上市企业,很少投资已公开发行的公司。在投资方式上多以私下形式进行,无需像公募那样批露信息披露交易细节,其投资策略高度保密,外界很难获得私募房地产投资基金的详尽信息。

第四,根据国外的经验,投资操作中通常采用财务杠杆手段。私募房地产投资基金自身资金实力总是有限,在高利润的驱使下,往往大量运用财务杠杆,通过信用借贷方式扩大资金规模,以少量资金完成巨额交易。一般情况下财务杠杆倍数为 2—5 倍,最高可达 20 倍甚至更高。目前国内的房地产投资基金还不能采用财务杠杆。

二、私募房地产投资基金的发展背景

房地产行业在其生产过程中的生产、流通、消费的各个环节都离不开大量的货币资金,离不开金融机构的支援和配合。房地产行业的资金融通,犹如房地产行业发展中的血液流动,一刻不能停止。然而在现实生活中,房地产行业经常受制于资金的短缺和资金成本的波动。因此,房地产金融化,从长远来看,是一种必然的趋势。

从国外的经验来看,20 世纪 80 年代以后,正是房地产金融创新产品的兴起,才推动了房地产行业又一轮大发展。而私募房地产投资基金,就是其中最重要的房地产金融创新工具。

在中国房地产行业发展的十几年间,房地产企业一直面临着这样的融资困境:银行贷款等间接融资金额的规模不足以满足开发需求,而债券和股票等直接融资方式又受到调控政策的影响。2010 年的房地产大调控,为房地产创新金融产品在中国的发展提供了较好的土壤。于是,21 世纪初房地产投资基金被逐渐引入国内的研究视野与操作实践当中。我们认为,随着中国金融政策的进一步放开,房地产金融工具有望为中国的房地产市场注入新的活力,并促进房地产市场的长期健康发展。

1. 成熟的市场中,房地产直接融资是主流的模式

直接融资,顾名思义,即没有金融中介机构介入的资金融通方式。在这种融资方式下,在一定时期内,资金盈余单位通过直接与资金需求单位协议,或在金融市场上购买资金需求单位所发行的有价证券,将货币资金提供给需求单位

使用。商业信用、企业发行股票和债券，以及企业之间、个人之间的直接借贷，均属于直接融资。

成熟的房地产市场，融资一定是多元化的，而不是单一的。如银行贷款、上市 IPO、发行债券、各种金融产品。

美国的房地产金融市场是世界上最发达的房地产金融市场，是典型的证券主导型的融资模式。除了银行贷款外，各种金融机构都能为房地产提供资金支持，比如保险公司、抵押银行、信托公司等。这些机构通过丰富的金融工具，比如房地产投资信托基金、债券融资、退休基金、不动产信贷等，多种金融工具综合运用。从结构上看，美国的房地产资金只有 15％左右来自于银行，70％是社会大众的资金。

而在中国则恰好相反。常年来，银行贷款和预售款占房地产开发比重超过70％，而基金一类的直接融资只占 5％。调控只是阶段性的，但融资模式的变革却是大势所趋，无论环境如何改变，基金在中国都会有长远发展。

2. 中国房企的融资转变，被动的成分居多

住建部政策研究中心在上海发布《2013 年民间资本与房地产业研究报告》，报告认为房地产直接融资所占比重由 2004 年的 30％上升至 2012 年的 40.5％，直接融资资金总额在 8 年间增长 6.5 倍，房地产进入直接融资时代。

中国房地产企业的模式在发生转变，这种转变是发展过程中的必然，也是中国房地产调控大背景下的被动转变。

图 7－2　中国房地产企业的资金来源对银行的依赖过大

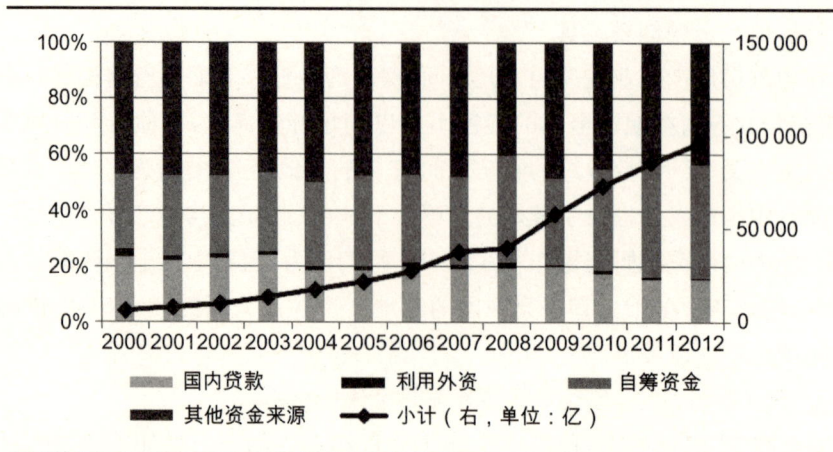

资料来源：德邦证券

中国房地产企业的资金来源主要仍然是预售款(其他资金)、银行贷款和企业自筹资金,三者合计占比70%以上。由于预售款中大部分是银行对于购房者发放的个人按揭贷款,因此总体上看,至少有60%以上来自于银行系统。中国房地产行业发展的关键瓶颈就是,融资渠道过分地依赖商业银行。

从2003年开始,房地产行业的调控政策就反反复复地出台。纵观历年政府的房地产调控,大部分政策都是立足于信贷政策的调节。2007年以前的房地产市场的发展规模还没有膨胀,整体上资金的需求通过传统的融资方式都基本能够得到满足。真正对房地产行业资金的考验,是从2010年开始。

图7-3　2003年以来房地产信贷紧缩政策

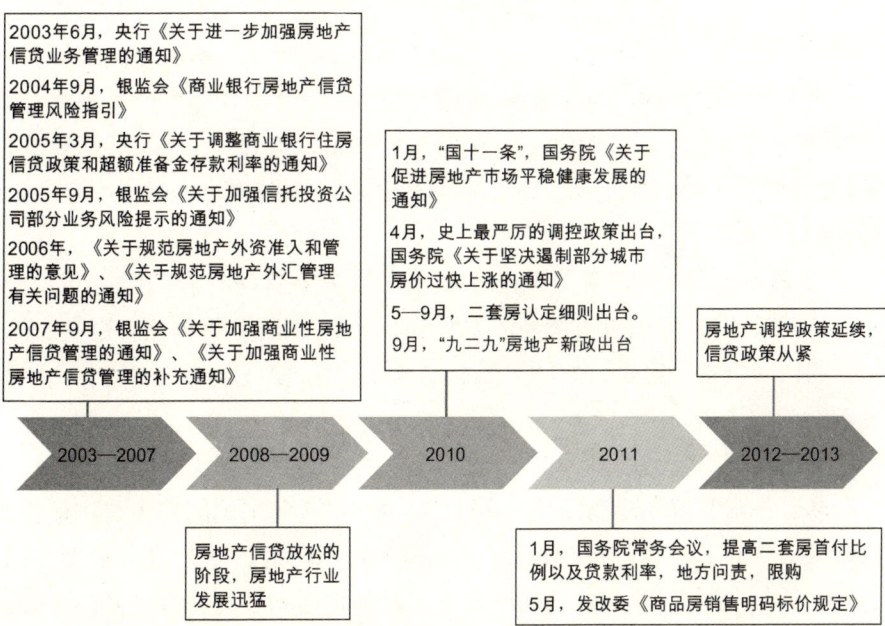

资料来源:德邦证券

2010年一季度,国内经济出现过热迹象,决策层加快退出刺激政策的步伐,出台史上最为严厉的房地产调控政策。要求严格二套房贷款管理,首付不得低于40%,并加大房地产贷款窗口指导,银行的房地产信贷开始收紧,资本市场房地产企业的股票和债券融资也都强行暂停。

在这种背景下,中国房地产公司融资模式被动转变。房地产信托和房地产投资基金异军突起。

图 7 - 4　2010 年以后房地产信托发行规模大增（单位：亿元）

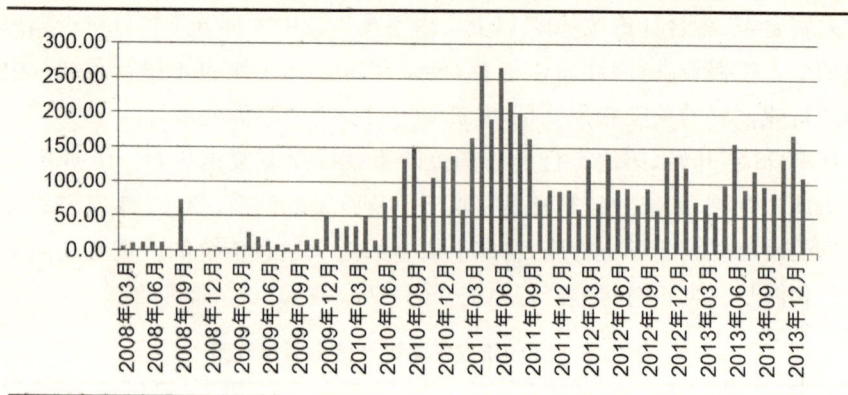

资料来源：Wind

　　据诺承投资统计，自 2008 年到 2010 年之前，国内私募房地产投资基金发展比较缓慢，仅有 20 多只基金，100 亿元左右的市场规模。2010 年，新募基金规模同比翻倍，达到 270 亿元。2011 年更是出现井喷，新募基金数 125 只，募集规模达到 1004 亿元。

　　3. 民间资本充裕和投资渠道匮乏，是该行业发展的有利条件

　　改革开放以来，中国以市场经济为取向的改革，创造了大量社会财富、集聚了大量的民间资本。这里讲的民间资本，主要是指民营企业的流动资产和家庭的金融资产。

　　中国民间资本究竟有多大盘子呢？ 2011 年一份由私募房地产投资基金高和投资联合住房和城乡建设部政策研究中心发布的《我国民间资本与房地产业发展研究报告》（下称《报告》）勾勒出了一幅大致的轮廓。据《报告》测算，仅山西、温州、鄂尔多斯、陕北四地的民间资本量就分别达到了约 1 万亿元、5 200 亿元、2 200 亿元和 6 000 亿元。

　　其实，简单算算目前的全国居民储蓄存款余额就知道大致数字了。中国人民银行的最新发布数据显示，到 2013 年 8 月，中国居民储蓄余额已连续三个月突破 43 万亿元，位于历史最高位。其中，活期存款超过 16 万亿元，定期存款超过 27 万亿元。

　　由于房地产行业的收益率相对较高，民间资本的首选还是投资房地产。就目前市场上充裕的投资资金来说，在不能投资住宅的情况下，房地产信托、私募房地产投资基金以及其他证券化产品，将成为这些民间资本重要的投资途径。

反过来说,这些充裕的民间资本,也为房地产企业发展直接融资创造了基础性条件。

图 7－5　房地产行业的收益率相对较高

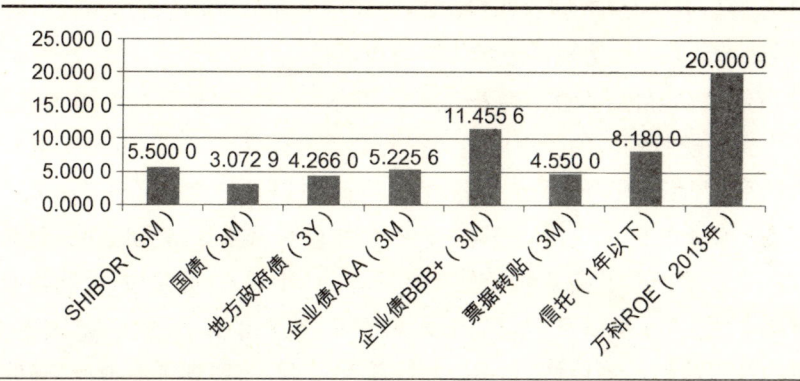

资料来源:德邦证券,Wind

数据截止日期:2014 年 3 月 20 日

三、私募房地产投资基金的发展历程

20 世纪 90 年代,海外私募股权投资基金开始试探性进入中国房地产市场的同时,也拉开了我国房地产投资基金融资的序幕。我国私募房地产投资基金的发展大致可以分为三个阶段。

1. 2007 年以前,以外资机构成立的房地产投资基金为主

私募房地产投资基金是私募股权领域专注于房地产投资的分支,它最早出现在上世纪 70 年代末期的美国。当时市场上充斥着剩余资金,融资成本低廉,对私募房地产投资基金的需求并不大。投资机会的匮乏使得私募房地产投资基金一直默默无闻。直到 80 年代末,美国房地产市场接近底部,一些机构先知先觉,通过私募基金的形式,抄底房地产市场。

90 年代开始,这些外资房地产投资基金开始陆续进入中国市场。在这一阶段,中国市场基本以这些外资房地产投资基金为主。当然,其经营策略,随着时间的推移,市场的成熟度不同,表现出不同的特点。

20 世纪 90 年代—2003 年,以项目开发合作为主。比如,2002 年下半年,首创集团与荷兰国际集团(ING Group)合资在香港注册成立了"中国房地产开发基金"。这一期间主要是海外私募股权基金与中国本土的房地产开发商合作成立公司,进行住宅和商业的投资开发,双方可以充分发挥各自的资源优势,优势

互补。

2004 年—2005 年，以收购成熟物业为主。海外私募股权基金主要收购一线城市最成熟的物业，收购形态主要是单栋楼，成交量较小，规模有限。其中，2004 年主要以高档住宅为收购对象，2005 年则开始收购酒店式公寓、甲级写字楼和商业地产，加大对房地产市场的资金投放量。

2006 年以后，外资大型私募房地产投资基金开始逐步登陆中国大陆地区，表现为更大规模收购。如中东房地产投资基金 Gateway Capital（基汇资本），美国最大的商业地产投资、开发及管理公司西蒙房地产集团（Simon Property Group），全球最大的上市工业房地产投资信托公司普洛斯（ProLogis）和全球排名第二的工业地产开发商安博置业有限公司（AMB）等。此阶段，收购物业不再以单栋物业为主，而是以资产包的形式来收购，收购的体量更大，范围更广，投资范围由第二阶段的高档住宅、甲级写字楼和商业，拓展到工业地产，延伸到中介代理领域。

2. 2007—2010 年本土房地产投资基金萌芽

2006 年下半年开始，新一轮的房地产调控中，对外商投资房地产行业作了明确的指示。以下规定导致海外私募股权基金改变了单纯的直接收购投资的路线，转为参股房地产企业或者参股房地产项目进行股权投资。对外资投资房地产的限制，为中国本土房地产投资基金的发展，打开了一个口子。

2006 年下半年—2007 年对外商投资房地产行业的相关政策

2006 年 7 月，建设部等六部委联合出台了《关于规范房地产市场外资准入和管理的意见》（"171 号文"，以下简称《意见》）。《意见》指出，2006 年以来我国房地产领域外商投资增长较快，境外机构和个人在境内购买房地产也比较活跃。为促进房地产市场健康发展，明确了规范外商投资房地产市场准入、外商投资企业房地产经营管理、严格境外机构和个人购房管理等方面的具体措施。

2006 年 8 月，商务部等六部委又公布了《关于外国投资者并购境内企业的规定》（以下简称《规定》）。《规定》指出：依照《外商投资产业指导目录》不允许外国投资者独资经营的产业，并购不得导致外国投资者持有企业的全部股权；需由中方控股或相对控股的产业，该产业的企业被并购后，仍应由中方在企业中占控股或相对控股地位；禁止外国投资者经营的产业，外国投资者不得并购从事该产业的企业。

按照国家发改委、商务部 2007 年 11 月份联合颁布的修订版《外商投资产业指导目录》，房地产业被列入限制外商投资产业目录：土地成片开发；高档宾馆、别墅、高档写字楼和国际会展中心的建设、经营；房地产二级市场交易及房地产中介或经纪公司进入限制外商投资产业范围。

当然，此阶段仍然是以外资房地产投资基金为主。2008年8月，仲量联行旗下投资管理业务分支"领盛投资管理"（LaSalle Investment Management）完成募集30亿美元的亚洲物业机会基金，投资中国、日本及韩国的房地产市场。同期嘉德置地建立一个规模为10亿美元的私募房地产投资基金——来福士中国基金，专门投资于中国重点城市的高端办公商业综合型物业项目。2009年1月中信资本中国房地产发展基金Ⅲ完成募集4亿美元，将重点投资于中国大陆地区房地产项目发展、收购及对内地房地产开发商进行股权投资。Prax Capital于2009年12月在天津成立房地产投资人民币基金，募集金额为6亿元，主要投资于二线城市以住宅为主体的房地产开发项目，之后顺利退出，市场预期其投资收益率至少达到25%。

到2010年，本土的私募房地产投资基金开始萌芽，在龙头房地产企业中得到快速的应用。万科、金地、中海等标杆房地产开发企业均开始尝试设立私募房地产投资基金，为旗下项目进行融资。

表7-1 房地产标杆企业纷纷设立房地产投资基金

企业	时间	事件
万科	2005年	万科与中信资本共同发起，在香港成立中信资本·万科中国房地产开发基金。该基金募集资金为1.5亿美元，存续期为5年，主要投资于万科的开发项目。
金地集团	2008年	与瑞银（UBS）环球资产管理共同发起成立了"瑞银金地中国房地产美元基金"，稳盛投资和瑞银房地产集团共同担任基金的管理人。
复地集团	2009年	智盈股权投资管理有限公司成立。11月成功发行人民币房地产投资基金——复地景业。
中海地产	2010年3月	与工银国际投资管理公司共同发起成立规模为2.5亿美元的私募房地产投资基金。

数据来源：德邦证券

3. 2011年开始，房地产人民币基金元年，高速发展

2010年国内房地产行业严厉的调控也使外资投资房地产受到一定影响。为确保房地产调控政策取得实效，商务部办公厅11月发布了"外商投资房地产企业审批备案及监管有关事项通知"，要求加强涉及外汇流入类房地产项目的

审查,并加强对跨境投融资活动的监控以及对房地产市场风险的防范,抑制投机性投资。对境外资本在境内设立房地产企业,不得通过购买、出售境内已建/在建房地产物业进行套利。同时要求进一步加强对并购、股权出资等方式新设/增资的房地产项目的审批监管和数据审核。

在此背景下,海外房地产投资基金的投资受到了较大的限制,同期本土房地产投资基金由此获益并得到了较快的发展。目前本土房地产投资基金募集规模不断扩大,从外资跟本土私募房地产投资基金数量以及融资量比重来看,我国私募房地产投资基金管理公司已从外资为主导转向为本土为主导。

图 7-2　中外私募房地产投资基金管理公司数量比较(截至 2012 年底)

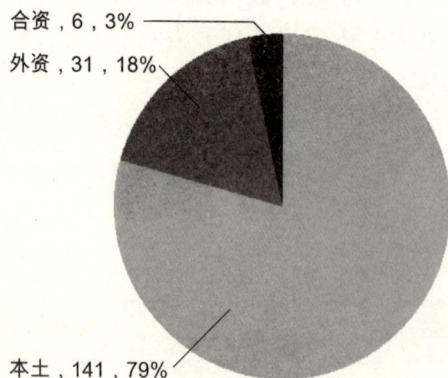

资料来源:德邦证券、清科研究

第八章

中国私募房地产投资基金的现状

一、发行与募集分析

　　根据诺承投资的研究统计,截至 2013 年 12 月底,中国人民币房地产投资基金市场拥有 206 家专业的基金管理机构,437 只私募房地产投资基金(目前国内只有私募性质的房地产投资基金,相对于公募房地产投资基金而言),总管理资金规模超过 4 000 亿元人民币。房地产投资基金过去几年都保持高速增长。2013 年共新增 24 家房地产投资基金管理机构,新成立 113 家房地产投资基金,总募集金额 1 381.1 亿元人民币,同比增长 80.07%。

表 8-1　人民币房地产投资基金历年募集情况(2008—2013 年)

年份	募集基金数量	变化率	募集规模(亿元)	变化率
2008	7	—	30	—
2009	9	28.57%	81	170.00%
2010	48	433.33%	271.76	235.51%
2011	125	160.42%	1004	269.44%
2012	129	3.20%	767	-23.61%
2013	113	-12.40%	1 381.1	80.07%

数据来源:诺承投资,投中集团

从基金规模来看,市场上有 60% 的基金规模属于 1 亿至 5 亿元人民币的中等规模基金,这与房地产投资基金多是针对单一项目的专项基金不无相关;规模小于 1 亿元人民币的小型基金占 10%;基金规模在 5—10 亿元人民币的基金占 16%;超过 10 亿元人民币的大型基金占 14% 左右。总体而言,市场上的基金以 5 亿以下的中小型基金为主。

图 8-1　市场中以中小型基金为主

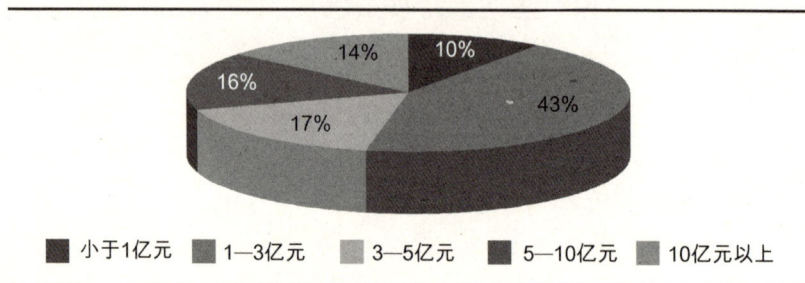

数据来源:诺承投资、投中集团

在诺承投资已有资料的 150 家管理机构中,有 12 家机构管理基金数量达到 10 只以上,总管理规模 984 亿元;而有 16 家机构管理基金数在 4—9 只基金之间,总管理规模 776 亿元;31 家机构管理基金数为 2—3 只基金,总管理规模 486 亿元;92 家机构管理基金数为 1 只,总管理规模 706 亿元。

图 8-2　机构管理的基金数量分布

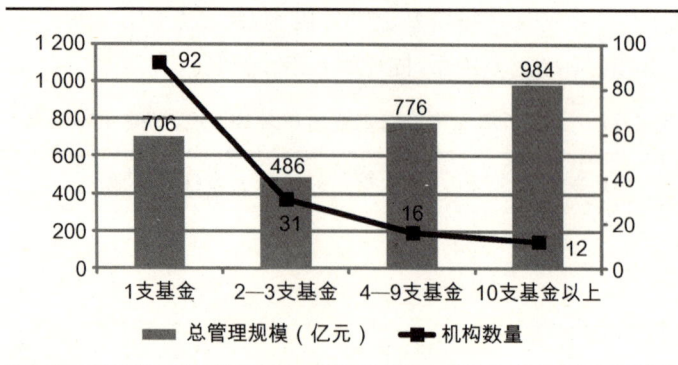

数据来源:诺承投资、投中集团

二、投资分析

国内房地产投资基金对单个项目/投资组合公司的投资基金多为 1—3 亿元人民币量级,按投资资金量的统计口径,占比 37%;1 亿元以下的,占比 12%;3—5 亿元的占 32%;5 亿元以上的大型投资项目占比 19%。

图 8-3 机构管理的基金数量分布

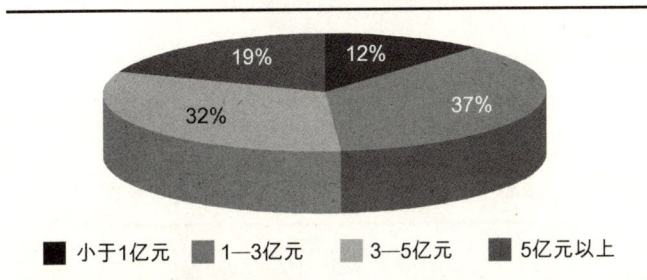

数据来源:诺承投资、投中集团

从产品的投资方式来看,目前国内房地产市场基本投资方式是股权投资和债权投资,以及两种方式相混合的方式进行投资。目前以股权进行投资的机构数量占市场的 22%,管理金额占 29%;以债权进行投资的机构数量占市场的 23%,管理金额占 19%;以股权和债权结合进行投资的机构数量占 48%,管理资金量占到了总管理资金量的 43%;夹层投资机构数量占市场的 7%,管理资金量占 9%。

图 8-4 机构管理的基金数量分布

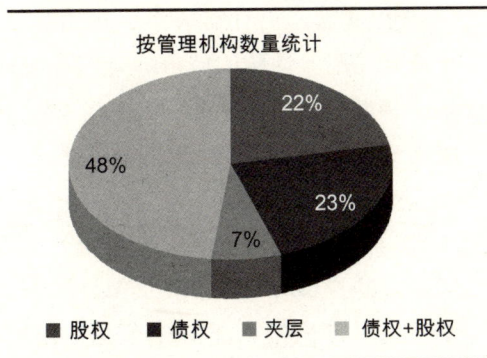

数据来源:诺承投资、投中集团

按管理资金量统计

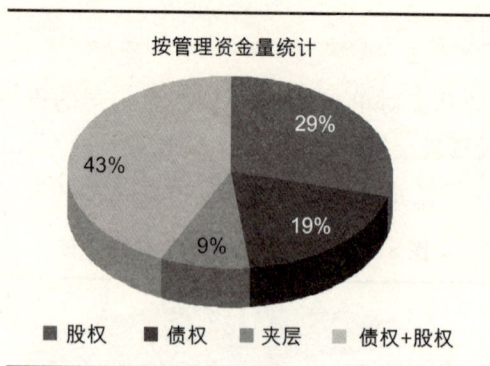

■ 股权　■ 债权　■ 夹层　▨ 债权+股权

数据来源：诺承投资、投中集团

图8-5　房地产投资基金的资金投向分布

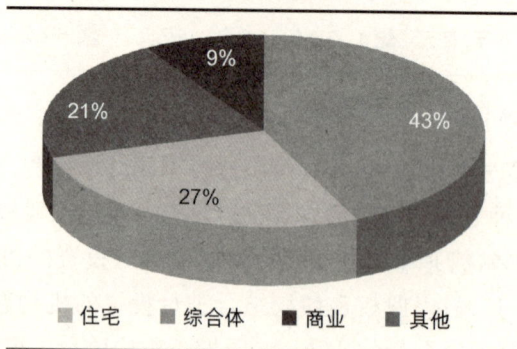

▨ 住宅　▨ 综合体　■ 商业　■ 其他

数据来源：诺承投资、投中集团

从管理资金量的统计口径来看，43％的管理资金量关注于住宅地产；综合性的住宅—商业综合体投资主题也正日益成为人民币地产基金的策略选择，27％的管理资金量关注结合了商业性质的城市综合体开发；有近1/5的房地产投资基金关注于商业地产领域；还有少部分市场机构关注于诸如工业地产、旅游地产、养老地产、一级土地开发等专业的地产投资主题。

三、退出/投资回报率分析

大部分房地产投资基金的投资开始于2010年，2010—2013年的房地产投资基金超过了60％。按照投资年限推算，已经有较多的房地产投资基金实现了成功退出。

图8-6　房地产投资基金开始投资的年限分布

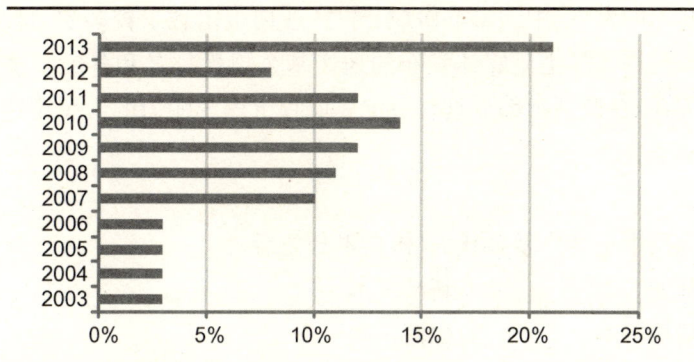

数据来源：诺承投资、投中集团

在退出回报方面,并向投资人分配投资收益。根据调研结果显示,市场上已实现退出的基金最高业绩回报水平高于 50%,而当前基金最低业绩水平 8%。大多数股权类地产基金实际投资回报率高于 20%,股债结合类地产基金投资回报率在 15%—20% 之间居多。

图8-7　房地产投资基金投资回报率分布

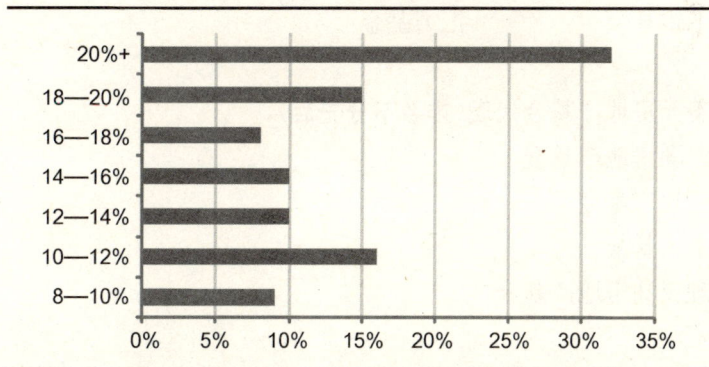

数据来源：诺承投资、投中集团

四、中国房地产投资基金 TOP 10

"2013 全球房地产金融中国峰会"发布了"第二届金砖价值排行榜"名单。金砖价值排行榜的学术支持由上海交通大学中国金融研究院、第一财经研究专业提供。中国房地产业协会金融专业委员会给予指导。

其中信保基金、中城投资、高和资本、建银精瑞、星浩资本、歌斐资产、新沃资产、稳盛投资、盛世神州、长富汇银、德信资本入选"2013 年度最佳人民币房地产投资基金 TOP 10"。

经过几年的发展，中国私募房地产投资业内也出现了较多实力较强的基金管理机构。根据市场主流媒体发布的地产基金规模排名和各家基金影响力等其他公开资料，在此列举部分具有一定规模和市场影响力的人民币地产基金和美元地产基金。

中国人民币房地产基金代表（排名不分先后）：

信保基金	新沃资本
建银精瑞资本	德信资本
中城联盟投资基金	复地投资集团
歌斐资产	越秀地产基金
星浩资本	鼎晖投资地产基金
高和资本	荣盛泰发基金
盛世神州	中睿资本
稳盛投资	河山资本
鼎信长城	信业基金
长富汇银基金	汇力基金

中国美元房地产基金代表（排名不分先后）：

黑石亚洲房地产基金

铁狮门地产基金

凯德地产基金

麦格理亚洲房地产基金

中信资本

凯龙瑞基金

汉威资本

普凯投资基金

安泰盘实

光大安石投资

第九章
CHAPTER 9

中国私募房地产投资基金的特点

一、有限合伙是主要的组织形式

从组织形式上看,私募房地产投资基金主要分为三类:公司制、信托制和有限合伙制。

国际上私募房地产投资基金多为有限合伙制。普通合伙人由基金管理人充当,而投资人成为有限合伙人。有限合伙人出资,委托基金管理人负责投资业务,而自己不参与投资决策。普通合伙人对基金的募资、投资、管理及退出全权负责,并在规定的时间定期向有限合伙人汇报基金运作情况。通常只有在普通合伙人完成了当前基金的投资后才会进行新一期基金的募集。

图 9-1 公司制基金组织结构

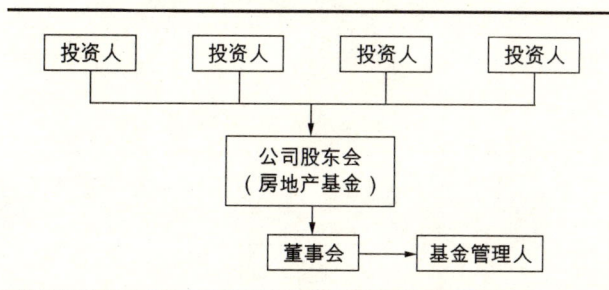

投资人　投资人　投资人　投资人

公司股东会
(房地产基金)

董事会 → 基金管理人

数据来源:德邦证券

受到中国相关法律制度的限制,国内私募房地产投资基金组织形式的发展和定型比较曲折,经历了三个阶段:

早期国内私募房地产投资基金,由于法律的限制,大都采取公司制的形式,直接建立资产管理公司,从事房地产投资银行业务。公司制的形式,以《公司法》和《证券法》为基础,法律障碍较少。

此组织形式的劣势在于:① 相对完备的组织结构下,投资的决策效率相对较低;②《公司法》对于退出和清算的流程复杂,投资者作为股东,退出机制并不灵活。

表 9-1   早期的以公司制成立的私募房地产投资基金

成立时间	公司名称
2000 年	伟业资产管理公司
2001 年	北京世纪华夏资产管理公司(由五矿集团房地产、首钢集团房地产、北京城建集团房地产、北京石油天然气管理局房地产、万年投资集团共同发起)
2002 年	中城联盟投资基金

数据来源:德邦证券整理

随后,《信托法》的出台为信托制基金的发展奠定了基础,为私募房地产投资基金的组织形式增添了新的血液。

房地产投资信托基金是指受委托人遵循信托的基本原则,通过设立信托的方式,发行信托基金收益凭证,集合运用信托计划资金,投资于各种房地产资产,信托计划投资者通过持有房地产产权获得收益的一种模式。此信托计划模式一般由受托人、委托人和托管人三方通过设立信托投资契约而建立。房地产信托计划模式的三方当事人之间存在这样一种关系:受托人依照契约运用信托财产进行投资,托管人依照契约负责保管信托财产,收益人(一般情况下即委托人)依照契约根据其购买的份额分享投资收益。

图 9-2   信托制基金组织结构

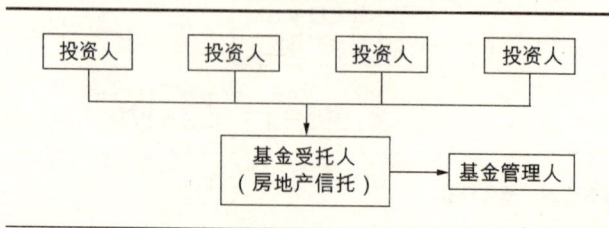

数据来源:德邦证券

国外信托制管理模式比较成熟,尤其是在公募基金 REITS 上。我国《信托法》其实并不完善,对于受托人的资格没有明确的规定。但是按照人民银行颁布的《信托投资公司管理办法》第十二条第二款规定:"未经中国人民银行批准,任何单位和个人不得经营信托业务,任何经营单位不得在其名称中使用信托投资字样,但是法律行政法规另有规定的除外。"

因此在实际操作中,大部分的基金管理人并不具备信托牌照,他们通常以有牌照的信托公司作为受托人和管理人,实际意义上的基金管理人则作为投资顾问参与投资决策。

独立的信托制私募股权基金,在我国实践中并不多见。渤海产业投资基金是个例外,以基金管理人直接作为受托人。但是它的投资范围不局限于房地产产业。渤海产业投资基金是经国务院同意、国家发展和改革委员会批准设立的中国第一只人民币股权投资基金,同时也是第一只以契约型形式成立的股权投资基金。总规模人民币 200 亿元,首期规模人民币 60.8 亿元,首期封闭存续期15 年。基金投资人包括全国社会保障基金理事会、国开金融有限责任公司、中国邮政储蓄银行有限责任公司、天津市津能投资公司、中银集团投资有限公司、中国人寿保险(集团)公司、中国人寿保险股份有限公司和天津城市基础设施建设投资集团有限公司和渤海产业投资基金管理有限公司。

图 9-3　渤海产业投资基金治理结构

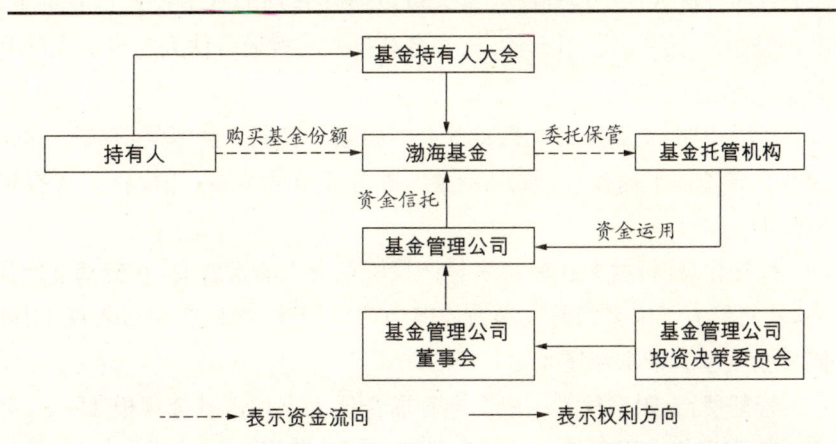

数据来源:王恺等,《渤海新区产业投资基金运作模式研究——以渤海产业投资基金为例》,《天津大学学报》2007 年 5 月,第 204 页。

2006 年 8 月 27 日,《中华人民共和国合伙企业法》修订案(下称《合伙企业法》)获得通过,并自 2007 年 6 月 1 日起施行。随后,2007 年 5 月 9 日,国务院也通过相关决定,相应修改了《中华人民共和国合伙企业登记管理办法》。

《合伙企业法》增加了"有限合伙企业"这种企业类型,这使得在国外广泛被用于私募股权投资基金的有限合伙制度在中国有了明确的法律依据。这在私募房地产投资基金史上是一个里程碑。以有限合伙形式设立的私募房地产投资基金开始涌现,并逐渐扮演起市场中重要财务投资人的角色。

图 9-4　有限合伙基金组织结构

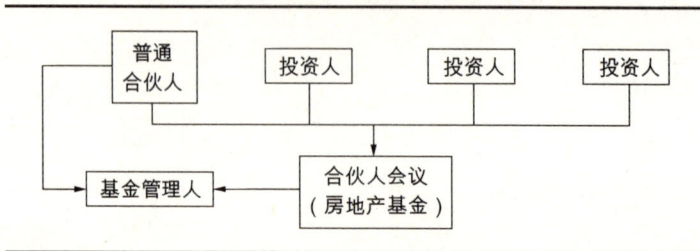

数据来源：德邦证券

有限合伙制度的基金有以下几个要素:

(1) 有限合伙人(LP):有限合伙人向基金提供资金,基金的规模设有门槛,且每只基金的有限合伙人数量有限。社保、基金会、大学等机构投资人和高净收入个人都是常见的有限合伙人。

(2) 普通合伙人(GP):普通合伙人可以向其管理的基金投入自有资金,份额通常占基金总额的 3%—10%。这些自有投入将普通合伙人与投资人的利益捆绑到了一起。

(3) 有限周期:私募房地产投资基金的周期一般在 3 至 10 年不等。这个周期促使基金管理人平衡投资、管理和退出等各环节的节奏,让投资人对投资回报有所预期。

(4) 杠杆化:杠杆融资在私募房地产投资基金中非常普遍,它使基金增强了购买力,从而扩大了未来的回报潜力。但当市场低迷,房地产项目表现不佳时,杠杆同样会给基金带来偿还风险。

(5) 管理费:有限合伙人一般要向普通合伙人支付占基金规模 1%—2%的管理费。管理费将被用于基金的日常开销和行政费用。

(6) 分成机制:激励基金管理人实现业绩最大化的工具是分成机制。一般基金管理人可以从投资回报中获得 20%左右的分成。其中回报可以是最终利润,也可以是超出投资人要求的回报部分。分成机制将基金管理人和投资人的利益进一步统一。

表 9-2 三种组织形式的主要特点

组织形式	公司制	信托制	有限合伙制
出资形式	货币	货币	货币
注册资本额或认缴出资额及缴纳期限	最低实收资本不低于 1 000 万元	资金一次到位	承诺出资制,无最低要求,按照约定的期限逐步到位;如需申报备案则最低少于 1 亿元
投资门槛	无特别要求	单个投资者最低投资不少于 100 万元	无强制要求;但如申报备案,则单个投资者不低于 100 万元
债务承担方式	出资者在出资范围内承担有限责任	投资者以信托资产承担责任	普通合伙人承担无限责任,有限合伙人以认缴出资额为限承担有限责任
投资人数	有限责任公司不超过 50 人,股份有限公司不超过 200 人	自然人投资者不超过 50 人,合格机构投资者数量不受限制	2 至 50 人
管理人员	股东决定	由信托公司进行管理	普通合伙人
管理模式	同股同权可以委托管理	受托人决定,可以委托投资顾问提供咨询意见	普通合伙人负责决策与执行,有限合伙人不参与经营
利润分配	一般按出资比例	按信托合同	根据有限合伙协议约定
税务承担	双重征税	信托受益人不征税,受益人取得信托收益时,缴纳企业所得税或个人所得税	合伙企业不征税,合伙人分别缴纳企业所得税或个人所得税

数据来源:德邦证券

有限合伙制度之所以能够推广和发展,其优势在于:

(1) 它可以灵活地筹资,通过协议出资制度,出资人只是先有承诺,然后根据项目情况和每期进展,在需要投资时分期分批投入,因而能更好地控制风险。

（2）有限合伙人（LP）以99％的资金为限承担有限责任，普通合伙人（GP）作为基金管理人自己出资1％与基金项目捆绑成利益共同体。当合伙企业发生亏损时，首先由普通合伙人承担损失，然后是以有限合伙人的出资承担损失，再后是以普通合伙人的累积利润和有限合伙人的累积利润承担损失，最后是由普通合伙人承担合伙企业债务的无限连带担保责任。若企业产生收益，在任务利润没有达成前，所有的利润由有限合伙人获得；超出任务利润以外的收益，有限合伙人和普通合伙人按照8：2（或某个特别的比例）的比例分配。既保证了LP的利益，同时也可极大地激发GP的主观能动性。

（3）在税收上，有限合伙型只需要合伙人缴纳一次个人所得税即可，避免了被双重征税，作为有限合伙人的企业只有实现盈利后才交税。

二、大资管背景下，基金管理方多元化

从国外的经验来看，私募房地产投资基金的管理人主要分为两种，一种是由房地产公司发起的基金，一种是独立的PE背景的管理人。

房地产公司发起的基金，他们具有房地产金融化天然的优势：他们对于行业走势，对于企业的特点、项目运作以及资金需求都有深入的了解，对于项目的判断和管理更能够做到专业、专注，也能够凭借自身在业内的资源网络和经验积累，为被投企业和项目带来更完备的增值服务，且寻找LP相对容易。美国著名的铁狮门公司（Tishman Speyer）就是这类基金的典型。根据私募房地产投资基金研究机构PERE的排名所示，2012年铁狮门在全球私募房地产投资基金中的地位仅次于黑石、摩根斯坦利和高盛，募资额超过120亿美元。

图9－5　两种主要的基金管理人

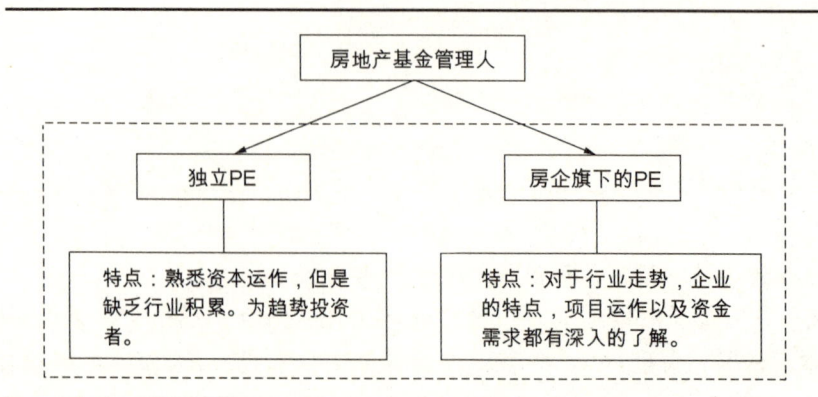

拥有 PE 背景的房地产投资基金,他们的优势在于熟悉资本运作,在私募投资基金的运作方面经验更为丰富。但是这类基金由于缺乏行业的前期积累和沉淀,往往不会做行业的开拓者,而是出现在房地产行业发展上升趋势确立,对私募股权有较强的扩张需求的过程中。例如全球最大的私募房地产投资基金管理机构黑石集团,它成立于 1985 年,但是直到 1992 年才建立房地产投资团队。同样知名的凯雷集团,创立于 1987 年,但是直到 10 年后的 1997 年,才开始涉足于实物资产投资(包括房地产、能源等)领域。

在国内其实也是以这两种类型的管理为主。在目前国内人民币房地产投资基金的管理机构中,独立品牌内资 GP 和房地产商关联 GP 占绝大部分,二者合计占市场 GP 数量的 74%,及管理资金量的 72%。

表 9 - 3 各种基金管理人的占比分布

	机构数量分布占比	资金量分布占比
独立品牌内资 GP	27%	29%
房地产商关联 GP	47%	43%
外资 GP	4%	3%
金融机构关联 GP	22%	25%

数据来源:诺承投资,投中集团

进入 2013 年,随着中国证券行业监管的放松,越来越多的资金杀入房地产投资基金,表现为基金管理人的多样化。

随着 2012 年底《基金管理公司特定客户资产管理业务试点办法》的正式施行,公募基金首次获准进入股权、债券等另类资产投资领域。例如嘉实基金就在办法出台后,立即成立了嘉实资本子公司,并在 2013 年 2 月通过该子公司与盛世神州合作推出盛世美澜园专项资产管理计划。

同年,按券商资管新政修订了自营业务投资范围。券商另类投资等自营资管业务也开始涉足房地产行业的融资业务。截至 2012 年底,已有中信证券、海通证券、中投证券等数十家券商成立了旗下的另类投资公司,114 家证券公司创新规模已接近 3 600 亿元。

与此同时,保监会也在积极研究放宽险资运用的范围,保险机构也逐步进入房地产投资基金领域。

三、过桥投资为主

成熟时期的私募房地产投资基金,可以根据自身的定位,选择多样化的投资方式和投资策略，也可以介入房地产行业的所有过程。

1. 在投资方式上选择债权型、股权型、股债结合的结构化投资和夹层投资等方式。

2. 在策略上可以选择进行早期地产开发的高风险高收益的机会性策略；进行地产开发后期装修、招租和运营提升的增值型策略；进行前期招租、租户管理和进行物业整售的核心增益型；进行后期物业持有，以租金作为主要受益的核心型策略。

3. 在投资时期上，可以进行全程投资，又可以进行阶段性投资。

中国现阶段的房地产投资基金，以股加债的模式居多，主要担任着过桥资金的角色。

案例1：

2012年，财信华盛成立了首只私募房地产投资基金。该只基金募集资金规模6 000万元人民币，投资于长沙市芙蓉中路的一处高端商业写字楼项目，采取股权加债权的组合投资模式。该基金已实现提前6个月从项目成功退出，获得投资回报约为年化收益18%。

案例2：

2013年，中弘股份与芜湖歌斐弘轩投资中心签订协议，以股权加债权的形式为北京平谷夏各庄项目引入14亿元人民币资金。资金主要通过股东贷款形式发放，利率为10%，借款期限为3—3.8年。

"过桥投资"表现为股权投资，但是不以获取分红和股东权益为目的。通过到期股权回售获得稳定的投资回报。这种形式满足了房企项目公司短期资金需求，融资成本高，偿还期限短，需要企业抵押物担保。

过桥投资中，私募房地产投资基金对于融资方的投资方式具体体现在如下几个方面：

首先，基金作为投资方通过股权受让或者增资获持目标公司股权。为了减小原股东回购股权的不确定性风险，基金通常要求对目标公司进行大比例持股甚至控股。

其次，基金一般以委托借款的形式发放，并要求借款人提供担保。

过桥融资的房地产投资基金，是与中国房地产行业发展的阶段相适应的。过去十几年房地产行业呈现高速发展的黄金时期，市场供不应求，产品趋于同质化。市场中最大的资金需求主要是用于满足扩大再生产。因此以融资类为目的产品应运而生。

四、积极探索多元化的投资方向

从国外的经验来看,房地产投资基金的投资方向涵盖了各种房产类型:办公、居民社区、零售、医院、工业,等等。如下图。

图9-6 美国私募房基资产结构分布(2006年)

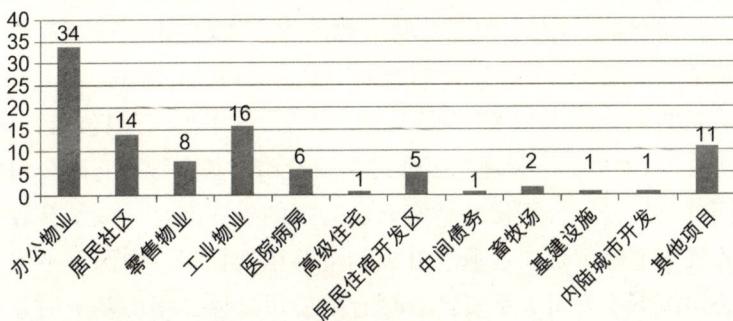

目前房地产投资基金的投资方向,主要集中在住宅。在政府对住宅的严厉调控之下,养老、商业和旅游地产正为房企提供新的发展契机,私募房地产投资基金也已展开掘金尝试。

商业旅游

由于国内房地产调控的不断深入,国内地产企业已经纷纷开始试图通过布局商业地产或旅游地产寻找出路。恒大、雅居乐等排在房地产行业前100名的房企中,已有三分之一的房企介入了旅游地产领域,均在大规模投资建设旅游度假村。

2012年,私募房地产投资基金也积极地参与对国内旅游地产投资。据不完全统计,2012年在商业地产领域,私募房地产投资基金共有14起投资案例,涉及金额7.44亿美元。投中集团数据显示,2009年至今,共有8只旅游产业投资基金设立,总募资规模达212.96亿元,平均单笔基金规模达26.62亿元。

当前,房企对商业地产的开发多数是转移住宅地产投资风险,不排除部分为投机性投资。旅游地产相对于住宅或商业地产而言,本身就是一种投资大、周期长的物业产品,也是其风险所在。清科研究中心认为,商业地产回报期长,占用资金量大,新增商业地产迅猛增加,容易导致市场定位不清、空置率上升、多数项目缺乏配套的管理和人才,盈利模式是否奏效有待时间检验。

公租房

公租房的私募房地产投资基金模式探讨,最早出现于 2010 年。主要的目的是为了解决公租房建设的核心难题——资金瓶颈。按照当年保障性住房和改造棚户区 580 万套、农村危房 120 万户的任务,这部分投资要占整个房地产投资的 10%,大概就需要投入 4 000 亿元,而中央财政补贴专项资金 692 亿元即便已经全部下达,地方政府也要配套剩余大部分资金,这是保障性住房建设不力的根源。在此背景下,由全国工商联房地产商会发起、建银精瑞资产管理公司承担起草了一份关于公租房基金的方案。但是最终没有落地。

后来较成功的案例是 2013 年,瑞银环球资产管理(中国)有限公司、上海市虹口区公租房公司、太平资产管理有限公司和国投瑞银基金管理有限公司将在上海设立中国首只投资于公租房并持有其所有权的投资基金。该私募股权封闭式基金将投资于上海市虹口区业已开发的公共租赁住房。中国太平保险集团有限责任公司旗下子公司太平资产管理有限公司是该公租房基金的基石社会投资者。瑞银环球资产管理(中国)有限公司和国投瑞银基金管理有限公司则分别是基金的投资管理人和顾问。

总的看来,公租房的利润率很低,但是由于政府补贴,收益率水平相对稳定,这是构建房地产投资基金模式的主要前提。但是随着社会平均资金成本的上涨,公租房基金的运作模式可能还有待完善。

养老地产

养老地产是介于住宅地产、商业地产和养老服务之间,以专门服务老年市场为主题而打造的一类高端住宅场所,它对配套设施和居住环境要求更高,集合了护理、医疗、餐饮和康复等功能为一体的综合型地产。2013 年北京率先开启养老地产"元年",将养老用地纳入北京市国有建设用地范畴,这与当前社会老龄化速度加快和房地产行业转型紧密相关。养老地产为房企带来前景广阔的投资机会,私募房地产投资基金可以布局发展思路清晰的项目,着眼长期的投资回报。

在国外,养老的运作模式主要有三种:第一种方式,由房地产商单独投资,作为一个地产项目来开发建设、出售。这种形式在国外较为普遍,美国已有专门开发建设老年地产的连锁公司。第二种方式,是房地产商投资和住户集资相结合的方式,住户可将原来住房出售或作为抵押来筹集所需资金,入住后只需交纳少量的费用。但可操作性较差。第三种方式,BOT 融资模式。由于老年地产开发的特殊特点,所需资金规模较大,所需资金回收期较长,可以尝试利用新的融资方式来筹建老年地产——BOT融资模式。

但是在中国,养老地产与普通住宅项目相比,存在几个问题:① 土地划拨,土地贷款上有限制;② 商业模式、盈利运营模式以及服务模式上,并没有探讨清楚,导致投入产品比相对较低。

房地产投资基金投入养老地产,在国内仍处于勾画阶段,已经实施的项目较少。

五、收益率下滑背景下,GP和LP利益出现分歧

国内的地产基金、信托等直接融资的收益率正在分化。从原先的超过20%的收益正在逐步下降到18%,甚至是16%。如2013年9月,中金佳成房产基金将产品收益率从13%调整至8%,而此举亦引发资产重组纠纷。

在收益率下滑的背景下,GP和LP之间的利益分歧也在逐步显现。目前比较多的争议主要还是集中在管理费和超额收益的提取上。

根据Preqin最近面向50家领先机构投资者针对基金条款的调研,50%的被调查者认为,管理费是目前利益一致关系上可以改善的最重要方面,其次是GP出资、收益分配结构等问题。

1. 管理费争议

管理费收费模式又有四种模式:① 固定的2%左右。② 递减管理费。③ 完全按照管理资本的比例收取管理费。④ 初期募资时采取按照管理资本一次性收取管理费的形式。

固定的管理费很难达到双方的共赢,也经常引起争议。LP通常会认为GP完全可以不劳而获,光靠管理费就可以很滋润了,尤其是一些大型的GP。

因此,越来越多的机构采取递减管理费的管理费收取方式。即"管理费在成立后续基金、投资期结束或基金进入延长期的情况下,应随着相关费用的降低而考虑降低"。管理费递减的具体方式包括调整收费比例或者收费基础。调整收费比例,即在基金后期一般是投资期后对管理费的比例进行折让或递减,如投资期过后每年减少0.5%,或直接调整比例为1%。

还有一种较为特殊的管理费收取方式,即完全按照管理资本的比例收取管理费。这种方式从表面上看,其实是最符合利益一致要求的一种方式。管理或投资多少资本,就收取多少管理费,而非按照将整个承诺金额作为基数来处理。不过,这种收费方式的弊端也显而易见。即普通合伙人可能无法维持日常运营费用,且如其管理费完全来自于其管理并投资的项目,则会促使其采取加快投

资进度或不停募集新基金的方式来获得更多的管理费,或谋取其他方面的交易费用来覆盖成本,这显然会影响基金业绩及 LP 的最终利益。

国内不乏 GP 管理人在初期募资时采取按照管理资本一次性收取管理费的形式,以此作为优惠条件来吸引投资人的支持。

目前一般较小的 VC 基金(一般规模在 5 亿元人民币以下),仍会经常采取不变的平价收费方式。作为较小规模的 VC,本身可以收取的管理费较少,其管理费本身递减的空间和意义均不大,对 LP 利益的冲突也不大。

但目前国内市场的特征和现状,可以说处在双稀缺的状态。一方面,机构类 LP 比较稀缺,因此很多管理人往往开出较好的条件来吸引更多的投资人。另外一方面,相对于一些机构投资人,可供选择的优秀 GP 团队也处在稀缺的状态。这就在一定程度上平衡了双方的谈判力量,管理费及双币基金管理费的进一步折让的博弈,可以说才刚刚开始。

2. 超额收益

目前超额收益分成主要有两种基本模式:一是"优先返还出资人全部出资及优先收益"模式,二是"逐笔分配"模式。在第一种模式下,投资退出的资金需优先返还给基金出资人,至其收回全部出资及约定的优先报酬率后,普通合伙人再参与分配。其在欧洲较为通行,通常被称为欧洲模式。第二种模式则不同,每笔投资退出普通合伙人都参与收益分配,以单笔投资成本为参照提取超额收益的一部分作为业绩奖励,在美国的并购基金领域适用较多。国内绝大部分基金都采取了欧洲模式,即所有本金及优先回报优先返还的模式。

在整个项目结束后才获得收益,对于 LP 来说,时间跨度相对较长,LP 应密切监控基金的投资,促使基金在最优时机及时进行分配,避免在基金表现不佳时,基金采取过度冒险手段冲击退出业绩行为。

六、退出机制有限

私募房地产投资基金的退出,是目前所有运营中的基金面临的难题,而且也无可避免。住宅项目最为简单,可以通过销售来达到项目清算,从而产品退出。但是对于一些投资大,周期长的商业、旅游、养老项目来说,需要更多的完善的退出机制,尤其是在 A 股房地产行业 IPO 以及重组的暂停的背景下。

作为国内最大的私募房地产投资基金之一,星浩资本携手"商业"和"基金"走了 3 年,也在开始思考项目未来的退出路径。按照该公司的设想,星浩资本主要考虑三类商业地产退出渠道。其一,部分基金投资人本身就有长期持有物业需求,可发展其成为商业物业的买家。其二,选择一些追求长期安全收益的资金组建商业地产基金,接手其商业物业。第三,若政策允许,可以将四五个商业物业打包成 REITs,在新加坡或香港市场上市,当然亦不排除国内上市的可能。

从国外的经验来看,私募房地产投资基金,退出方式一般有以下四种:

(1) 在资本市场实现 IPO。

私募房地产投资基金投资大型、有上市前景的房地产企业,可以通过资本市场的上市实现退出。当前国内房地产企业在国内证券市场上市的通道还未打开,通过境外上市实现私募投资基金退出是一条重要途径。

这种退出机制的优越性主要是:① 私募基金的股权增值显著,退出后投资回报率高。② 基金所投资的房地产企业通过境外上市后,私募基金能在资本市场上树立良好的声誉,是基金的重要业绩,有利于其下一轮的筹资投资。③ 企业境外上市是个长期的需要作巨大宣传和准备的事项,而这样的宣传又会吸引潜在购买者的目光,这样也为私募投资基金退出提供了多种备选退出方案。

但境外上市的过程十分复杂,会涉及独立经营、关联交易、同业竞争、土地权属、税务等问题。境外对上市公司的经营业绩等要求较高,发行成本也较高。申请在海外上市的企业,必须按照当地的证券法规和会计标准,符合该国企业的要求,经该国主管机构的批准才能发行股票。发行这种股票可以直接进入外国资本市场,节省信息传递成本,还能获得较高的国际知名度。世茂、绿城、瑞安等国内著名房地产企业,都得到过国际私募股权基金的支持,最后通过香港或海外上市的渠道实现了退出。

表 9‑4 私募股权支持的中国房地产企业 IPO(2006—2009 年)

公司名称	上市地址	投资机构	上市前持股比例	上市后持股比例
世茂地产	香港主板	渣打直接投资有限公司	4%	3.2%
		摩根士丹利房地产投资基金	10%	8%
		建银国际资产管理公司	1%	0.8%
绿城控股	香港主板	CITI Group	4.4%	3.6%
		Value Partners Funds	2.2%	1.8%
		Standard Chartered Bank(HK) Limited	2%	1.3%

续 表

公司名称	上市地址	投资机构	上市前持股比例	上市后持股比例
瑞安地产	香港主板	JP Morgan Securities	1%	0.8%
		Stark Investment	1%	0.8%
奥园地产	香港主板	Cathay Capital Holdings	20.5%	14%
鑫苑置业	纽交所	Blue Ridge China Partners	26.2%	19.4%
人和商业	香港主板	Capital Group Co. Inc.	4.3%	3.7%
		新世界	8.6%	7.3%

数据来源:《私募股权房地产投资基金发展报告》,清科研究中心

(2) 房地产投资项目清算。

以股东身份参与投资某房地产项目,项目建成销售后,基金根据投资比例收回投资成本并分配利润。

对于住宅房地产的开发,项目竣工交房后,预收款便可以结转为营业收入,同时结转营业成本确认所售物业的利润。而项目也可以交给物业管理公司管理,项目开发商完全可以退出项目。这时,作为参与股权投资的私募房地产投资基金可以考虑退出,通过分配利润后,可由大股东回购股权,实现完全退出。而对于商业房地产项目的开发,如可以采用销售型的盈利模式,则可以参照住宅房地产的模式退出,当然,开发商要留下部分利润支持项目后续经营所需的整体营销及管理的费用。如采用租赁型的盈利模式,则可以考虑在项目经营稳定之际整体出售,或通过出售股权实现整体或部分退出。

(3) 原股东承诺回购。

基金在投资之初即和原股东签订协议,确定回购方式(譬如回购时间和回购价格),这是基金退出项目常见的一种形式。

(4) 兼并收购。

在有收购意向的第三方和被投资企业股东协商一致的情况下,基金实现退出。

当然,现实的交易中,会有很多变通。很多基金也会通过以上两种或多种方式组合的形式退出。譬如,在约定期限内能够上市,则通过资本市场退出;约定期限内不能上市,则由原股东按照每年约定回报对基金所持有的股权进行回购。

在 2013 年 A 股房地产上市融资暂停以及海外上市的诸多限制的背景下,

这些退出模式对于中国私募房地产投资基金来说,受到了很大的局限。当然也有一些基金积极地寻求和探索新的退出模式。

2013 年中国私募房地产投资基金共完成退出 64 笔,而退出方式也更加多元化,由去年的 3 种方式扩展到 2013 年的至少 6 种方式。其中股东回购为主要的退出方式,有 25 笔案例;股权转让为排名第二的退出方式,共发生 14 笔退出;之后是有 6 笔退出的并购方式。

图 9 - 7 **2013 年中国私募房地产投资基金退出方式统计(按案例数,笔)**

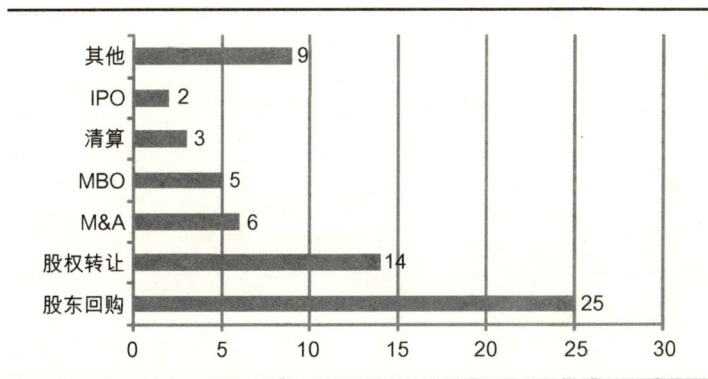

数据来源:私募通 2014.03 www.petada.cn

比如北金所的非标准化交易。2012 年 6 月,北金所推出 PE 二级市场转让业务。地产 PE 的 LP(有限合伙人)可在北金所转让基金份额。2012 年 10 月,盛世神州旗下的一个房地产投资基金项目就通过这种方式实现退出。总体来说,这种模式的交易并不多。

并购基金也是比较新的退出方式。比如 2013 年 5 月 21 日,私募房地产投资基金星浩资本表示尝试成立商业并购基金,用于收购星光耀基金旗下的商业项目,通过商业项目培育成熟再退出。上海合作建房的发起人钱生辉也透露,将成立一个商业地产基金,用于收购临港项目的商业部分。

暂时不论这种新模式的风险,但是可以表明,当前国内私募房地产投资基金在退出机制上所遇到的困境。

案例:不良资产,私募房地产投资基金的接盘与被接盘?

2012 年房地产信托兑付高峰时期,四大资产管理公司接盘房地产信托的新闻一时间成为头条。信达、华融、东方和长城四大资产管理公司都在低成本接盘房地产信托产品,四大资产管理公司收购的房地产信托规模已达两三百亿元。

其实四大资产管理公司从本质上说,也类似于"受人之托,代人理财"的信托业务,主要还是从事资产管理的业务。从这种意义上来说,瞄准房地产信托的不良资产的,不仅仅是四大资产管理公司,还有私募房地产投资基金。2012年出现了较多的并购房地产投资基金,其目的就是接盘兑付有困难的房地产信托。

四大资产管理公司开展此业务有其天然的优势,使得他们成为房地产信托出现问题后的承接主力。首先,它们是金融机构,具备金融机构所有的融资功能,除了自有资金和发行债券外,还有银行给 AMC 的授信,这部分利率很低,每家资产管理公司获得的商业银行授信几乎都超过 1 000 亿元,同业利率大约在6%左右,这是别的资产管理公司所不具备的资格和条件。其次,处理金融机构不良资产名正言顺,经验丰富。四大资产管理公司在介入房地产项目时,此时的不良资产已经突破了传统意义,包括应收账款等非金融不良资产,远期回购协议下低触发条件所引发的违约、而事实上并未产生的不良资产,以及到期兑付困难的信托产品。

表9-5　各路资金成本的对比

机构	资金来源成本	期限
信托	9.7%	1.85 年
资管计划	10%—12.5%	1—1.5 年
房地产投资基金	9%—12%	1—3 年
资产管理公司(发债)	5.55%—5.66%	3—5 年

数据来源:德邦证券

其实四大资产管理公司承接信托产品,基于资金规模和资金成本优势,有一定监管套利的因素,属于重资产的粗放式的经营。大部分的资产管理还是提供种子基金去受托管理。而私募房地产投资基金的优势就在于专业的资产管理。它们可以自行管理项目,通过自己的专业判断和管理水平,提升整个项目的内在价值,从而达到增值保值的效果。从这一点看,房地产投资基金在未来房地产融资市场中必然还是有其一席之地的。

但是房地产投资基金的瓶颈就在于:① 资金规模过小,无法形成规模效应,导致资金成本过高。② 基金的退出途径受限。如果私募房地产投资基金的项目出现兑付或者管理的问题,谁来接盘?

第十章
CHAPTER 10

未来的发展趋势及建议

一、加快完善法律,明确监管,规范市场

私募房地产投资基金的法律地位到目前为止,还没有完全确立。在此过程中,表现为私募股权基金的监管主体不统一,发行主体的资质不明确,对销售渠道的监督不力,等等。

但是从发展历程、监管体系的演变来看,私募房地产投资基金的法律地位、监管等,逐渐由模糊走向清晰。

1. 2013 年 6 月以前,国家发改委是私募股权基金(PE)的监管主体,采用不同层级的监管模式。即规模超过 5 亿元的基金在国家发改委备案,5 亿元以下在地方发改委备案。

2. 房地产 PE 基金,直到 2011 年底,才纳入发改委监管的备案体系中。2011 年底,盛世神州房地产投资基金管理(北京)有限公司旗下的北京盛世神州房地产投资基金(有限合伙)成功备案,成为第一只在国家发改委备案的私募房地产投资基金。

3. 2013 年 6 月底,国务院与中央编制委员会将私募股权基金(PE)监督管理权划归证监会,明确了 PE 基金新的监管机构——证监会下辖的中国证券投资基金业协会("中基协")。主要着手制订新的 PE 基金管理办法,负责 PE 备案管理、规范经营、杜绝非法集资、健全信息披露等方面的监管工作。

4. 2014 年 4 月,据《21 世纪经济报道》消息,在征求完 13 个部委意见后,由中国证监会负责起草的《私募投资基金管理暂行条例》(送审稿)及其立法说明,

已上报至国务院。从送审稿看,私募证券投资基金、PE、VC 正式纳入证监会统一监管,统称为以非公开方式向合格投资者募集资金设立的私募投资基金,并首次被明确界定为"金融机构"。如果该条例正式出台,私募基金的法律地位、监管、权责等将被进一步明确和规范。

二、REITs 将是房地产投资基金中不可或缺的重要组成部分

私募房地产投资基金的发展,同时也渴望公募基金 REITs 的出现。REITs (Real Estate Investment Trusts,房地产投资信托基金),是指受托人遵循信托的基本原则,通过设立信托的方式,发行信托基金收入凭证,集合运用信托计划资金,投资于各种房地产资产,信托计划投资者通过持有房地产产权获得收益的一种模式。此信托计划模式一般由受托人、委托人和托管人三方通过设立信托投资契约而建立。房地产信托计划模式的三方当事人之间存在这样一种关系:受托人依照契约运用信托财产进行投资,托管人依照契约负责保管信托资产,收益人(一般指委托人)按照契约根据其购买的份额分享投资收益。REITs 是证券化的产业投资类基金,是房地产投资基金中信托制形式中的一种标准化的特殊形式。

从国外房地产投资基金市场的发展来看,公募 REITs 是房地产投资基金中的重要组成部分。一方面为投资者提供了更多的金融产品形式,另一方面也增加了私募投资的退出途径。我国目前还没有一部关于房地产信托投资的专项立法,因此对于公募 REITs 的推行,还存在一定的法律障碍。但是,在此探索的过程中,私募 REITs 已经迈开了先行的步伐。

2014 年 3 月,中国内地第一单 REITs 产品——由中信证券承做的中信启航专项资产管理计划已获批,期限为 3—5 年,优先档收益率区间在 7%—9%。该产品投资标的为北京中信证券大厦及深圳中信证券大厦,优先级评级为 AAA,预计收益率区间在7%—9%,次级预期收益率在 12%—42%,优先劣后比为 7∶3。

值得注意的是,该产品的退出方式包括以 REITs 方式实现上市退出,以及按市场价格出售给第三方实现退出。产品存续期间,优先级及次级投资人均可在深交所综合协议交易平台交易。如果以 REITs 方式实现上市退出,则意味着该产品将成为中国内地首单 REITs 产品。

虽然该产品为"非公募基金",但在中国探索了若干年公募 REITs 却未能成功后,私募 REITs 会成为不动产证券化的突破点。

图 10 - 1　中信启航专项资产管理计划结构

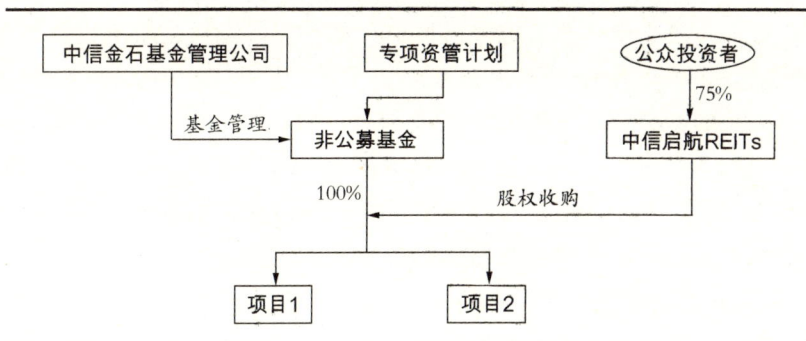

数据来源：德邦证券

三、加快建立多层次的资本市场，实现退出渠道多样化

私募房地产投资股权投资的项目退出是投资的最终目标，通过上市转让股权退出最容易得到溢价，也是最容易变现的一种退出方式，也是私募股权投资最理想的退出渠道。另外，通过股权出售是次优选择，我们需要不断发展和完善资本市场，以给私募股权投资一个良好的退出渠道。

由于主板上市门槛高，对上市企业营业期限、股本大小、盈利水平和最低市值等方面都有很高的要求标准，所以通过主板市场上市而成功推出有很大的难度，现阶段进一步完善创业板和中小板市场是更为现实的选择。

创业板主要为新兴的、有潜在价值的公司提供资金筹集渠道，我国已建立了创业板市场，这对于私募股权投资是一个重大的利好消息。资产规模相对小但具有很大成长空间的企业将可以申请在创业板上市，这类企业也正是我国现阶段私募股权投资最主要的投资对象，这将极大地推动私募股权投资的发展。但是创业板尚处于初创阶段，还需继续摸索其市场定位、审批程序和管理办法等各方面的发展。

中小板市场主要为管理运作良好、成长性较强的新兴中小公司提供融资，其在上市要求、上市审批程序一级股票交易规则方面较主板市场更低，是私募股权投资基金投资退出的重要途径。但在我国深圳设立的中小板市场，对中小企业的上市条件要求还是比较高，上市标准更多的向主板市场靠拢，这违背了中小板市场成立的初衷。我国应该在中小板市场对于上市企业的标准进行一系列的改革，如放宽企业上市条件等。

四、重视人才和投资者的培养，发展真正意义的投资基金

中国现阶段的房地产投资基金，主要是以股加债的模式居多，担任着过桥资金的角色。我们认为，真正意义的私募房地产投资基金，是通过股权投资参与房企项目运作，共担盈亏。私募房地产投资基金可以为房地产市场注入长期发展资金，其专业的素养能够辅助房地产行业健康发展。

当然真正的房地产投资基金的完善，需要多方面因素的共同作用。比如专业性的人才，也需要相对成熟的投资者。

专业人才

国外私募房基的投资经理通常具有房地产、金融和法律的复合背景，他们不仅对房地产运营过程可能面临的风险有比较深入的认识，而且具有金融投资领域的信誉、经验、业绩，表现出良好的专业素质。

随着国内房地产市场的竞争日益加剧和产业化程度的不断提高，专业化、规模化的趋势已经出现，策划、营销、运营、物管等分工协作越来越精细，整合并购等资本手段更成为专业分工时代做强做大的重要利器。但国内的私募房地产投资基金才刚刚起步，既谙熟房地产经营又熟悉私募投融资的复合型人才十分缺乏。因此，提高专业化投资水平，是国内私募房基发展的要务。招揽经验丰富的国外私募房基复合型投资专家和高管，加紧培育本土私募房基投资人才，是两条长、短结合的重要途径。国内涉足发起私募房基的金地集团鼎辉，对此已有清醒的认识。金地集团与瑞士银行合资，引进国外私募房基的优秀高管，并远涉重洋到美国斯坦福大学、哥伦比亚大学、哈佛大学、麻省理工大学、芝加哥大学、西北大学 6 所知名高校商学院招聘高端的房地产金融人才，洋为中用，提高专业化水平。

成熟的投资者：机构投资者增加

目前，房地产投资基金的 LP 以散户为主，以机会型投资为利益驱动因素。未来很有可能机构投资人会成为人民币房地产投资基金的主要资金来源，从未来房地产投资基金的发展趋势和投资人资产配置的实际要求来看，机构投资人完全有可能主导整个行业的迅速发展和成熟。

未来投资策略必然向多元化发展，而不是现在市场机构以债券投资和住宅类投资为主体。虽然纯粹股权进行投资的机构数量占据市场的 24%，管理金额占比达 41%，但是，随着市场的发展、竞争的激烈以及投资人对于投资策略的重

视,未来的市场一定是更多元的格局,以满足投资人资产配置的需求。

五、增强应对房地产周期波动的能力

房地产行业从 1998 年进入商品化时代开始,已经经历了十多年的高速发展。2011 年房地产调控以来,整个行业的景气度正在从高点下滑,可能面临一轮行业周期性的调整。对于当前国内的房地产投资基金来说,房产销售趋缓,资金回笼慢,房地产投资基金的到期兑付和成功退出是目前的突出问题。

2013 年被爆出的信托基金兑付风险事件共 11 例,其中房地产信托基金就占 9 例。进入 2014 年,房地产企业陷入资金困境的状况更加频繁曝光,市场担忧进一步加大。在这一轮房地产周期波动中,房地产投资基金应该不断增强应对周期风险的能力。

首先,房地产投资的运作实力应该加强。房地产行业轻松赚钱的时代已经结束,未来要"很辛苦地赚钱"。虽然资金链紧张已经成为开发商常态,但在资本过剩的背景下,流动性依然充裕,寻找为投资者带来收益的好项目已经成为房地产投资基金的头等大事。

其次,盈利模式与时俱进。从目前的情况看,国内房地产投资基金还存在诸多亟待完善之处。房地产投资基金的策略分为四种:有稳定现金流的核心型、核心增益型、增值型、机会型。而目前多数房地产投资基金还停留在第四种类型,即用房地产项目的成功来获得高风险高收益的回报。很显然,这种盈利模式难以有效复制。新的盈利模式和盈利机会需要去探索和应用。

第三,建立长期稳定的融资机制,将原本用来炒楼的资金引向开发周期的前端。这需要房地产投资基金向财富管理领域拓展,意味着第三方理财将越来越深地介入房地产投资基金行业。事实上,类似德信资本的房地产投资基金已经建立自身的财富管理机构,形成资金的良性流转。

2013 "变"与"势"中国财富管理高峰论坛暨第四届"金阳光奖"颁奖典礼

　　随着理财市场规模的不断扩大,对于财富管理的需求也逐渐从机构过渡到了普通大众。日新月异的财富管理市场,增长的不仅仅是资产规模,还有投资者对财富管理各式各样的要求。如何走出传统产品和业务的局限,以客户需求为基础积极创新,成为了各个金融机构关注的重点。

　　2013 年 5 月 25 日,由上海证券报、交通银行和德邦证券共同主办的 2013 "变"与"势"中国财富管理高峰论坛暨第四届"金阳光奖"颁奖典礼在中国上海

交通银行副行长侯维栋先生为会议致辞

复星集团董事长郭广昌先生为会议致辞

举行。来自海内外近百家私募基金公司创始人、高管和基金经理以及银行、信托等金融机构负责人等 300 位嘉宾参加了此次活动。交通银行副行长侯维栋先生、上海证券报社副总编程培松先生、复星集团董事长郭广昌先生先后为论坛开幕致辞。

上海证券报社副总编程培松先生为会议致辞

与会的各界精英就财富管理市场的现状和未来趋势展开了热烈的讨论。复星集团副董事长兼 CEO 梁信军先生、青岛啤酒名誉董事长金志国先生和杉杉集团董事长郑永刚先生先后发表了主题演讲。

主题演讲:"未来 10 年该惶恐还是欢喜"
演讲人:复星集团副董事长兼 CEO 梁信军

本次论坛上还举行了《中国私募股权投资年度报告 2013》和《中国阳光私募年度报告 2013》的首发仪式，上海证券报社副总编程培松先生、德邦证券有限责任公司董事长章国政先生、交通银行个人金融业务部和私人银行部总经理陶文先生、投中集团董事长陈劼先生为仪式揭幕。

陶文、程培松、陈劼、章国政（从左至右）为《中国私募股权投资年度报告 2013》及《中国阳光私募年度报告 2013》揭幕

同期举办的第四届私募基金"金阳光奖"共颁发了 5 个奖项，分别为综合评价五星产品奖、综合评价五星私募管理公司奖、长期优胜奖、国内对冲先行奖和最佳海外对冲基金奖。本届"金阳光"奖的评选以关注私募行业现状、扩大行业影响力、助推行业成长、拓展全球视野、探索对冲时代私募行业的发展方向为宗旨，以公平合规、公开透明、公正客观为原则，对通过信托公司、银行、证券公司等金融机构向社会公众定期公布净值的管理型证券投资类私募基金的收益风险特征、投研团队实力两方面进行考核、分析和评价，评选出表现优秀的基金。

附：第四届"金阳光奖"获奖单位

"金阳光"综合评价五星产品（2012）	"华润信托–展博 1 期证券投资集合资金信托计划"
"金阳光"综合评价五星私募管理公司（2012）	上海鼎锋资产管理有限公司、上海涌峰投资管理有限公司、西藏银帆投资管理有限公司、上海国富投资管理有限公司、上海混沌道然资产管理有限公司
"金阳光"长期优胜奖（2010—2012）	上海朱雀投资发展中心（有限合伙）、北京源乐晟资产管理有限公司
"金阳光"国内对冲先行奖（2012）	北京佑瑞持投资管理有限公司、上海淘利资产管理有限公司
"金阳光"最佳海外对冲基金奖（2012）	"睿信中国成长基金"、"赤子之心价值投资基金/赤子之心自然选择基金"

图书在版编目(CIP)数据

中国私募基金投资年度报告.2014/德邦证券有限
责任公司编著.—南京:江苏人民出版社,2014.7
ISBN 978 - 7 - 214 - 13336 - 6

Ⅰ.①中… Ⅱ.①德… Ⅲ.①投资基金—研
究报告—中国— 2014 Ⅳ.①F832.21

中国版本图书馆 CIP 数据核字(2014)第 152718 号

书　　　名	中国私募基金投资年度报告 2014
编 著 者	德邦证券有限责任公司
责 任 编 辑	朱晓莹
出 版 发 行	凤凰出版传媒股份有限公司
	江苏人民出版社
出版社地址	南京市湖南路 1 号 A 楼,邮编:210009
出版社网址	http://www.jspph.com
	http://jspph.taobao.com
经　　　销	凤凰出版传媒股份有限公司
照　　　排	江苏凤凰制版有限公司
印　　　刷	扬州文丰印刷制品有限公司
开　　　本	718×1 000 毫米　1/16
印　　　张	12.5　插页 4
字　　　数	200 千字
版　　　次	2014 年 8 月第 1 版　2014 年 8 月第 1 次印刷
标 准 书 号	ISBN 978 - 7 - 214 - 13336 - 6
定　　　价	68.00 元

(江苏人民出版社图书凡印装错误可向承印厂调换)